社会学理論のプラクティス

多田　治　編
荒井悠介
小股　遼
須田佑介
永山聡子

はじめに

多田　治

社会学には、面白くてためになる理論や考え方がいろいろある。そういうものをもっと日常生活に取り入れ、思考のヒントに役立ててみたい。私たちはそのようなささやかな願いから、本書『社会学理論のプラクティス』をみなさんにお届けする。

社会学理論の基礎知識については、私はすでに『社会学理論のエッセンス』というテキストを２０１１年に出している（早稲田社会学ブックレット、学文社刊）。「社会学・理論を学ぶなら、最低限これだけは押さえておきましょう」というエッセンスを、１冊の小冊子に凝縮したもので、おかげさまで多くの方にご活用いただき好評を得ている。しかしそれは、デュルケーム、ウェーバー以来今日までの社会学理論の系譜について、本当にエッセンスのみを詰め込んだ内容だった。刊行以来、もっと掘り下げた内容を加えて、よりナマの社会学的思考の面白さや奥深さを伝える続編を出したい思いは、私のなかにずっとあった。今回、志を共にする若き研究者４名との共著の形で、その思いが実を結んだことを素直に喜んでいる。こうした経緯もあって、本書は社会学入門後、第２ステップ以降の学習・読みもの、テキスト・レポート文献等に合うと考えている。もちろん『エッセンス』と『プラクティス』を合わせ読んでもらえれば、いっそう理解を深められるようになっている。

本書は、第１部「現代世界と理論のプラクティス」と第２部「歴史と理論のプラクティス」の２部構成からなる。前半の第１部では、５人の執筆者が１章ずつ担当し、それぞれのテーマや理論的視座を展開していく。理論としては1・2章のブルデューと、５章のルーマンが中心となる。１章では小股が、ブルデューの一連の研究を時系列でたどり、ハビトゥス・資本・界など独自の関係概念の形成プロセスをわかりやすく整理して伝え、ブルデュー社会学の理解を助ける。これをふまえ２章で多田が、第２部や本書全体でもキーワードとなる「象徴」「象徴資本」に特化し、ブルデューの基本視座をコンパクトに伝える。

だが、なぜ「象徴」なのか。それが主観や知識、意味や評価に関わる重大な部門でありながら、まさに主観に属するため素通りしやすく、(一般的にも・ブルデュー社会学でも) 見すごされてきた領域だからである。3章の荒井は、若者サブカルチャーに関する長年のフィールド調査の知見を提示した上で、「サブカルチャー資本」を従来言われた文化資本に限定せず、社会関係資本・経済資本、そして象徴資本にまで視点を拡充する必要を唱えるにいたる。この3章までで、「象徴」を介して理論的思考とフィールドの現実がアクチュアルにつながってくる仕組みになっている。

4章の永山は、女性研究者としてジェンダーの視点を特に重視する。母乳育児という、単に私的で家族の問題にみえるテーマから出発し、粉ミルク産業や医療、グローバル経済の問題へと切り込んでいく。もともと存在せず必要もなかった商品へのニーズが巧妙につくられ、標準化を進めて広めるグローバル経済のプロセスはそれ自体、まさに主観や知識の次元で自明性にはたらきかける、象徴権力の作用である。

5章では須田が、独自性の強いルーマンの社会システム理論の全体像を、意味やコミュニケーションの観点から明快にかみくだいて説明する。意味のはたらきにより可塑的で可変的となる社会システムは、たえずコミュニケーションの偶発性にさらされている。そこを掘り下げる思考はまさに、社会の象徴的次元を問う営みと通じる地平にある。

後半の第2部では、多田がゾンバルト、ウォーラーステイン、エリアス、ブルデューらの検討を通して、ここでも象徴を軸としながら、歴史的事実と理論的思考を行き来する試みを展開してゆく。そもそもデュルケーム・ウェーバー以来の社会学的思考は、長期の歴史変動に「近代」を読みとることから出発した。2部で登場する論者の歴史研究は、理論的にも豊かでエキサイティングな発見を与えてくれるが、少なくとも日本の社会学ではこれまで充分に扱われてこなかった。ゾンバルトの贅沢・奢侈論はウェーバーの影に隠れていたし、ウォーラーステインの世界システム論は主に経済史の面しか知られてこなかった。エリアスの宮廷社会論やブルデューの国家形成論も、正面から関心を向ける人は少なく、マニアックな議論として片づけられてきたのが実際のところだろう。

だがこの第2部を読み進めてもらえば、彼らの議論が幾重にも織り重なって、その歴史的な知見が厚みをなして、今日の社会を見るにも確実なプラスワンの視座をもたらしてくれることがわかるはずである。エリアスは歴史的出来事に、一回性と反復性、個性的相と社会的相の両方を読みとるべく、社会的図柄の見方を考案した。彼はこれを通じて、歴史研究と社会学を結びつける理論枠組みを与えようとしたのである。そうしてこれを継承したのが、ブルデューの『ディスタンクシオン』『国家貴族』『芸術の規則』『実践理性』など、一連のモノグラフ的・歴史的研究であったといえる。8章以降、かなり紙数を割いて両者の接続を試みているのはそのためである。ブルデューは歴史上の社会も現代の社会も、「可能態の一特殊ケース」として互いに比較参照することで、独自の実りある発見効果をもたらす。その際、エリアスの図柄や宮廷社会論の考え方が生かされていることは、実際の引用や「界」の理論を見れば明らかである。6・7章のゾンバルトやウォーラーステインの議論でも、貴族とブルジョワ、名誉と経済の関係などがブルデューの『ディスタンクシオン』の叙述と重なってくるのも、おそらくこうした効果によるのではないかとも推測される。

なお本書の理論中心の章は性質上、そこで取り上げる論者の議論のエッセンスを抽出しておくことから始める必要がある。その知識の共有に基づいて初めて、コメントや考察を加えることもできるからである。同様に第2部の歴史篇では、最低限の共有が必要な歴史的事実を前提知識として整理しておく作業も必要になる。理論の営みを歴史的事実に基礎づけるとはそういうことであり、その叙述にも粘り強くおつきあいいただければ幸いである。ただし、必ずしも前から順に読む必要はなく、自分の興味を引く章から自由に、楽しく読み進めてくれればよい。知識や思考と正面からエキサイティングに向き合うことが、まさに理論の醍醐味だからである。

最後に、本書タイトルの「プラクティス」に関して、少しだけ言及しておきたい。私たちは、できることならこの社会・世界を少しでも良い方向に変えたいと願っているし、やれることは日々行うようにしている。だが同時に、変えることの難しさや、どういう方向に変えるかの合意の難しさなどにも、日々直面している。そこでまず社会学・理論にやれることとして、現実を認識すること・理論を思考すること自体が、ひとつの現実的な行動であり、プラクティスなのだ、ということである。

practiceを英和辞典で調べると、実行・実践・実際・経験・習慣・慣行・練習・熟練などの意味がある。「理論と現実」「理論と実際」「理論と実践」を区別するのが通例だが、理論的に考えること自体がひとつの実際的な営みであり、経験の蓄積となり、たゆまぬ習慣・慣行となる。自分の理論的な態度を反省的に振り返ることも含めて、次なる現実をつくっていくための練習・準備にもなる。そのような前向きな願いも込めて、本書のタイトルを『社会学理論のプラクティス』とした。本書が少しでも、みなさんの日々の、さまざまな理論的プラクティスの手助けとなれば幸いである。

目次

はじめに……3

第1部　現代世界と理論のプラクティス

第1章　形成過程からみるブルデュー理論……11
第2章　主観を通した社会・権力・資本――ブルデューの〝象徴〟の重要性……25
第3章　社会的成功のため勤勉さと悪徳を求める若者たち
　――渋谷センター街のギャル・ギャル男トライブ……35
第4章　母乳育児からグローバルが見える――多国籍フードビジネスと医療支配……58
第5章　ルーマンの社会システム理論……73

第2部　歴史と理論のプラクティス

第6章　見すごされてきた大家――ゾンバルト『贅沢と恋愛と資本主義』……101
第7章　社会科学をunthinkする――ウォーラーステインの世界システム論……114
第8章　関係とプロセスの社会――エリアスの社会学・文明化・宮廷社会論……130
第9章　宮廷社会と象徴資本――エリアスとブルデューの接続（1）……148
第10章　国家形成の歴史と現代の「貴族」――エリアスとブルデューの接続（2）……166
主な参考文献……183
あとがき……189

第1部　現代世界と理論のプラクティス

第1章　形成過程からみるブルデュー理論

小股　遼

本章ではフランスの社会学者ピエール・ブルデューの代表作に焦点を当てながら、彼の理論形成の過程をたどって理解していく。ブルデューの理論形成のプロセスを追うことで、彼の理論がどのような問題と対決しながら練り上げられたかがわかるだろう。それらの問題は、現代社会においても無視できないものであり、21世紀に入って民族主義やテロリズム、移民問題などがいっそう喫緊の課題となる中で、彼の理論はますます重要性を増している。特に彼の理論は、アイデンティティではなくハビトゥスに注目する点が、アイデンティティで社会や人間を説明してしまう時流にあって、クリティカルな視点を有していると筆者は考えている。ブルデュー理論をより理解するには、彼の理論と実践が一体となった著作を読むことが一番の近道だが、本章が、ブルデュー理論を通して現代日本社会を読み解く営みの手助けになれば幸いである。

1　アルジェリア研究（『資本主義のハビトゥス』）

宗主国フランスの持ち込んだ資本主義に直面したアルジェリアの人たちの困難さを描いた『資本主義のハビトゥス』は、ブルデューの初期の作品で、１９６０年前後のアルジェリアが対象である。既に半世紀以上を経た今日から見ても、この作品は重要だ。植民地アルジェリアの経済停滞が、イスラム文化のせいにされてしまう当時の状況に対してブルデューは、アルジェリアの人々が伝統的にもつ実践の論理が、宗主国の資本主義的な経済合理性の論理とは違うことからくる適応の困難さを明らかにした。資本主義の論理（を身体化し生みだしもするハビトゥス）を身につけている宗主国の人たちにとって、その論理に反するものは非合理的、逸脱とみなされ、非合理的なものは「自分とは違う文化」という説明で片づけられていた。ブルデューは、アルジェリアに行ったこともない人たちが、フランスにいながらそうみなすのに批判的な立場から、直接アルジェリアでフィールドワークをして、彼らなりの合理性があることを明らかにした。その伝統的な実践の論理（を身体化し生みだしもするハビトゥス）ゆえに、資本主義にうまく適応できないだけで、彼らは逸脱者でも抵抗者でもないと主張している。テロリズムをイスラム教徒や移民に結びつける考え方が強まる今日、この視点は多くの示唆を与えてくれる。

以上、簡単に『資本主義のハビトゥス』を紹介したが、ブルデュー理論のキー概念の一つであるハビトゥスは、この初期の著作で誕生している。もう一つ『結婚戦略』の研究からハビトゥス概念の重要性に注目してみよう。

2　フランス農村研究（『結婚戦略』）

農村の長男がダンスパーティで踊らないのはなぜか、という問いではじまる『結婚戦略』は、ブルデューの故郷ベアルン地方の農村でのフィールド調査をもとに書かれた。この著作では、結婚市場が開かれ広範囲に拡大したため、農村の結婚市場で価値のあった家畜や土地の価値が暴落したという構造的状況が描かれている。それは家畜や土地を握っていた農村の長男にとって、嫁のもらい手なしということでもあった。農村の伝統的な価値観を守り続けて生きてきた長男は、結婚市場が開かれても適応できなかった。自身の価値下落に直面した彼らは、要するにモテないことを突きつけられたわけだが、一方で農村における優越者としての自負もあり、その板ばさみで身動きが取れなくなった。ダンスパーティで踊ることができない状況は、その結果であった。ブルデューはこの適応の困難さを、こう説明している。

「ハビトゥスと構造との間のズレ、およびそれに由来する行為の失敗は、批判的な反省と転換の機会を提供する。しかし、危機は自動的に意識を覚醒させるわけではない。おそらく、古い世界への客観的・主観的愛着が強いほど、またこの古い世界が提供している賭金への利害と投資が多いほど、新たな事態を理解するのに必要な時間が長くかかるのである。」（p.271）

以上の『資本主義のハビトゥス』と『結婚戦略』という実証的なフィールド調査研究では、適応の困難さを説明する概念としてハビトゥスが登場している。『資本主義のハビトゥス』では、宗主国フランスの持ち込んだ資本主義の構造や価値観に適応できないアルジェリアの人たちが描かれ、『結婚戦略』では、結婚市場において価値の下落した土地や家畜に執着せざるをえないハビトゥスをもった農村の長男が描かれている。ここからハビトゥス概念が、それぞれの置かれた文脈に即して行為を生みだすものとして設定され、それゆえに新しい状況ではうまく行為できない要因としても考えられていることがわかる。

宗主国や都会という「中央」から見た周辺への差別的なまなざし、つまり非合理的な行為をする人たちというレッテルと闘うために、周辺におかれた人々の行為にもある種の合理性を認めるハビトゥス概念を、ブルデューが必要とした理由はこれでおわかりだろう。このハビトゥス概念が持つクリティカルな視点は、今日も依然その重要性は失われていない。例えばテロリストに対して理解不能のレッテルを貼って処理したり、宗教のせいにしたりする傾向は、今日も根強く残っている。ブルデューのハビトゥス概念に注目するなら、テロという行為が、彼らテロリストにとってのどのような合理性や、それを生みだすハビトゥスに支えられているのかに注意が向くはずであり、そうした行為を生みだすハビトゥスが、どういう社会的状況から育まれるのかに注目できる。

そしてブルデューが自ら示したようにハビトゥス概念は、単に紙の上でもてあそぶものでなく、常にフィールド調査とセットで使用される性質のものであった。対象者のハビトゥスやそれを育む社会を実際に調査し、何に適応し、何に適応できていないのかを具体的に明らかにすることも、ブルデューの概念は求めてくるのである。

3　教育社会学的研究（『遺産相続者たち』『再生産』など）

ハビトゥス概念を生みだした初期の研究から、ブルデューは教育社会学的な研究へとシフトしていく。学校制度や学歴が重要度を増した社会となり、そうした学歴が価値や権威をもつ宗主国や中央の圧力から不適応に苦しむ社会を研究してきたブルデューにとって、この研究対象の移行は、自然の成り行きでもあったと言えよう。

学校制度は果たして平等化の装置なのか、という問いで貫かれた彼の一連の教育社会学的研究は、**文化資本**という概念へと結実していく。『遺産相続者たち』や『再生産』で描かれているのは、学校制度を通した社会的地位の再生産である。制度的には万人に開かれているように見えるが、選抜試験や学校生活で重要視されるのが単純な筆記能力だけでなく、言葉の使い方、振る舞い方、音楽や絵の文化的教養など多岐にわたることを、ブルデューは指摘した。学校制度を有利に勝ち抜くには、それらの目に見えない能力が必要であり、またそうした能力に選抜者・支配者側が価値をおいているので、選抜者・支配者側の子弟が幼いころから親しむ中で培われる能力が、自然な形で学校制度の中で有利に働く。彼はこのように、単に経済資本の大小が次の世代に引き継がれて再生産が果たされるというマルクス主義的な再生産論ではなく、文化資本の大小もまた次の世代に引き継がれるという、文化的再生産論を主張したのである。この文化的再生産に重要な役割を果たすのが、平等化の装置とみなされていた学校制度であることを、ブルデューは見抜いた。その中で練り上げられた概念が、文化資本であった。

このように教育社会学的な研究でブルデューは資本概念を発展させ、社会的な競争ゲームに必要とされるのは単に収入に基づく経済資本だけでなく、文化的な実践を操る能力やセンス、学歴、絵や楽器の所有などの文化資本であることを明らかにした。初期の研究ではハビトゥス概念が練り上げられたが、この段階では新たに文化資本の概念が社会分析の道具として、大きな柱の一つになった。その意義は単に経済資本以外の要因から社会を分析する点だけでなく、文化資本も社会的位置の支配者側に有利なように蓄積されて使われることを明示した点にある。文化的な再生産は、社会的な位置の再生産とも直結している。社会的な位置の再生産を自然な形で覆い隠す装置として、学校制度などの文化的再生産装置と文化資本がある。経済資本は、学校制度を通過する中で文化資本に転換され、就職で再び経済資本に転換される。この転換がスムーズなほど、転換を通じた社会的位置の再生産は自然とみなされる。文化資本への転換をはさむことで、地位にふさわしい学歴や趣味やふるまいが存在するという社会観が自明のごとく受け入れられていく。

ブルデューがフランス社会から描出した文化資本概念が、どこまで日本社会や現代社会に通用するかは議論の余地があるだろう。文系学問が大きな危機にあると言われる今日、経済的利益に結びつくかどうかだけで良し悪しが判断される社会にあって、文化資本という概念は一見無意味になったかのようだ。もはや文化資本の隠蔽機能を必要としない、儲かればよしとする考え方は、文化資本による社会的地位の再生産を解決するものかといえば逆で、経済資本が豊かな人が直接支配を強めるための最も単純かつローコストな方法である。そのような社会にしないためには、やはり文化資本という考え方は重要である。文化や学知を獲得することは、社会的な流動性を味方につけて経済支配に対抗する手段になりうるものとして、むしろ積極的に展開していくべきものだろう。

4　文化社会学的研究（『ディスタンクシオン』『芸術の規則』等）

教育社会学的研究で文化資本概念を練り上げたブルデューが次に取り組んだのは、文化の全般的な世界、趣味というテーマである。この趣味実践や生活様式（ライフスタイル）の研究では、**界**（champ 場とも訳される）概念が練り上げられ、ハビトゥスや資本と結びつけ、**プラティック**（実践・慣習行動）と、それが行われる社会空間を描くというアプローチで社会を説明する、ブルデュー理論の完成系に至る。

界には大きく分けて6要素がある。①闘争の場であり、②独自の資本・賭け金をめぐって争われ、③独自のルールが存在し、④支配―被支配の空間的構造をもち、⑤歴史的に形成され、⑥外部から区別される相対的自律性をもつ境界を示す。

界にはその界独自の賭け金となった資本があり、それをめぐる闘争の場である。例えば、学術界では優秀な論文が資本となるが、速く泳げることは資本にならない。その逆も然りで、競技水泳界で速く泳げる能力は、ほぼそれに限られる資本だが、論文を書ける能力は資本にならない。また資本は、界内部の行為者の位置関係を規定する要素でもある。金メダリストクラスになると界での闘争を有利に進めるために、自分の泳ぎに合った水着をスポンサーに作ってもらえるし、トレーニング設備や遠征費などあらゆるサポートを受けられるだろう。つまり支配的な立場に位置づけられる。従属的な立場であれば、不利な条件で闘争を強いられる。

界への参入は、ルールを暗黙裡に認めることでもある。ルールを学習していない行為者は、闘争を有利に進められない。例えば野球だと、塁走者はフライを捕球してからしかスタートできない（タッチアップ）というルールがあるが、このルールを前提に、取れそうにない打球に対し野手はわざと捕球体勢をとることで、走者のスタートを遅らす場合がある。界はこのように、多様な戦略の前提となるルールをもつ。最後に界は瞬間的なものでなく、歴史的に形成されたプロセスを通じて、他とは異なる境界を有し、まさに界であると認められる存在になる。様々なスポーツ界から文学界、音楽界などを想起すればよい。

以上のような界の概念は、スポーツの例のようにゲーム空間とも言われるが、『芸術の規則』での芸術界のような、ある特性や相対的自律性をもつ集団活動や対象を経験的に分析・説明する道具として練り上げられた。

プラティック理論としてのハビトゥス・資本・界

この界の概念は、それまでに練り上げられてきたハビトゥスや資本と結びつき、プラティック理論に結実する。『ディスタンクシオン』（I、p.159）では公式が示されている。

（ハビトゥス）（資本）＋ 界 ＝ 慣習行動（プラティック）

この公式にあるとおり、ハビトゥスだけでも資本だけでも、プラティックは理解できない。『資本主義のハビトゥス』や『再生産』などでは諸概念が別個に用いられていたが、『ディスタンクシオン』で明確に自覚的に、ハビトゥス・資本・界の基本概念が関係づけられた。つまり、ある人のプラティック（慣習行動）を理解する場合、ハビトゥスだけで規定されるわけでも、資本量だけで規定されるわけでもない。プラティックは、ハビトゥスが、今持っている資本を、界との関係において活用した結果である。例えば先に見た初期の不適応の問題も、この公式に従えば3要素のどの点が問題かを把握できるだろう。簡単には変わらないハビトゥスが不適応の原因とされがちだが、プラティックがうまくいかなくなるのは、資本や界に変化が及ぶことにもよる。資本や界が変化したとき、どれだけハビトゥスが対応可能な範囲かが、プラティックがうまくいく可能性の分かれ目になるだろう。

界とプラティックを説明したところで、再びハビトゥスと資本にもふれておきたい。ハビトゥスに近い概念に、性向(disposition)がある。性向とハビトゥスではどこが違うのか。性向は、社会空間（後述）や界で占める位置（position）に応じて獲得される、より具体的な志向性を指す。例えば中間階級（プチブル）の志向性を、ブルデューはこう言う。

「『個人的意見』への権利要求と、他人へのあらゆる委託形式、とりわけ政治における委託にたいする不信の念は、論理的に言って明らかに、その過去全体と未来の計画がすべて個人的救済へと向かってゆくような人々に固有の性向の体系のうちにもともと含まれている。この個人的救済は、個人的「才能」や「長所」をもち、重荷となる他人との連帯を断ち切り、わずらわしい義務を拒否し、そして居住環境においても仕事においても、レジャーにおいても思索においても、公的なもの、集団的なもの、一般的なもの、ありきたりのもの、他人から借りたものなどよりも、私的なもの、内密なもの（いわゆる「わが家」的なもの）を一貫して優先させるような選択をすることによって得られるものだ。」（『ディスタンクシオン』Ⅱ、p.259）

後半の一連の志向性を持った選択が、性向である。プチブルという位置によって獲得される諸性向（この場合はレジャーで集団的なものを拒否する志向）のまとまりが、個人的な意見や救済を求めるハビトゥスにあたる。性向の体系がハビトゥスであり、あえて公式化すれば、「ハビトゥス＝性向×n」となる。

資本についても付け加えよう。教育社会学的研究のところでは文化資本を紹介したが、ブルデューの資本概念は、それに留まらない。彼の「経済」の考え方は、単に貨幣と関わる経済活動だけでなく、人々が自覚的にも無自覚にでも、社会で戦略的に生きていく上で活用するものを資本と考える、より広義の「経済」を意味していた。

近年流行し、社会関係を資本ととらえる「ソーシャル・キャピタル」の考え方も、ブルデューは早い段階で提出していた。彼の**社会関係資本**の特徴は、ゲーム空間のプレイヤーが、自分の経済資本や文化資本を有効に活用するための資本として考えられている点である。それは、社会的地位の上昇や維持の戦略にも使われるという意味でもある。また後期の研究『国家貴族』によると、

「社会関係資本量は、人脈の規模、その安定性、利潤率に正比例して（すなわち、人脈がカバーしている諸機関――たとえば、取締役会――や個人の支配下にある資本の規模に正比例して）大きくなる」（『国家貴族』Ⅱ、p.650）と指摘されている。つまり様々な資本を多く所有する人ほど、それを流通・転換させる社会関係資本量も多いことを意味している。この視点は、社会関係を豊かにすれば社会は良くなるという、ある意味で楽観的なソーシャル・キャピタル論とは異なる。あくまで上下問題の観点から、社会的地位の再生産の問題として資本を考えるブルデューの視点の特徴や意義はここにある。

もう一つ資本に付け加えるなら、**象徴資本**だろう（→2章）。これは、広義の「経済」を設定するブルデューならではの資本概念で、あらゆる資本が象徴資本となりうる。例えば『結婚戦略』で描かれているように、名家の息子という肩書や、土地や家畜などは、実質以上の価値が上積みされる形で、ある時代・社会では機能していた。それが、学歴や現金給与の方がより価値あるものとして登場することで、それらの上積み効果が失われ、象徴資本としての価値は暴落したのである。もはや古びた例だが、日本の年賀状の慣習では社会関係資本が、象徴資本として機能してきた例だと言えるだろう。エリート層の父母を持つ子供たちは、膨大な量の親の年賀状を見た人も多いだろう。他にも、社会に出て働く父と、主婦をしている母との年賀状の枚数の違いなどにも顕著に表れるだろう（わかりやすくするため、あえてジェンダーバイアスのかかった例を挙げた）。また30代以上の世代なら子供のとき、少ないながらも年賀状の枚数を競い合った人もいるはずである。多くの人脈を持つことや、有名人と知り合いであることを誇示することは、社会関係資本が象徴資本として機能する面を表している。

社会空間アプローチ

以上、ハビトゥス・資本・界の概念を、成立過程から検討することで、その意義や重要性を確認してきた。しかし、これら3つが関わって生みだされるプラティックは、**社会空間**というまた別の概念の中に位置づけて初めて、完全に理解できる。『ディスタンクシオン』では3概念の定式化に留まらず、趣味に関する実際のデータ分析を通じて、社会空間という新しい社会へのアプローチをブルデューは提示したのである。

社会空間は、「たがいに相手の外部にあり、他の位置との相互関係において、すなわち相互的外在性によって、また近接関係や隣接関係や遠隔関係、さらには何々の上にとか下にとか間にといった序列関係によって定義される、そうした位置の集合」（『実践理性』p.21）と定義される。この空間を描き出す上で、コレスポンデンス分析（対応分析）という統計手法を用いており、その詳細にふれる余裕はないが、社会空間アプローチで統計がそれまで以上に、彼の仕事に活用された点は重要だろう。この本のいたるところで、資本によって決定される社会的位置や、そこで身につけたハビトゥスから生みだされるプラティックの諸関係は、統計的関係だと述べられる。

社会空間は、三次元構造をもっている。図１‐１のように縦軸として資本量がとられ、横軸に資本構造がとられるが、ここでの資本構造とは、経済資本と文化資本の相対的な配分比率のことであり、経済資本を文化資本より多く所有する場合は、横軸の右方向に位置づけられる。経済資本と文化資本が同等量の場合は、縦軸に重なる中央部に位置し、所有資本

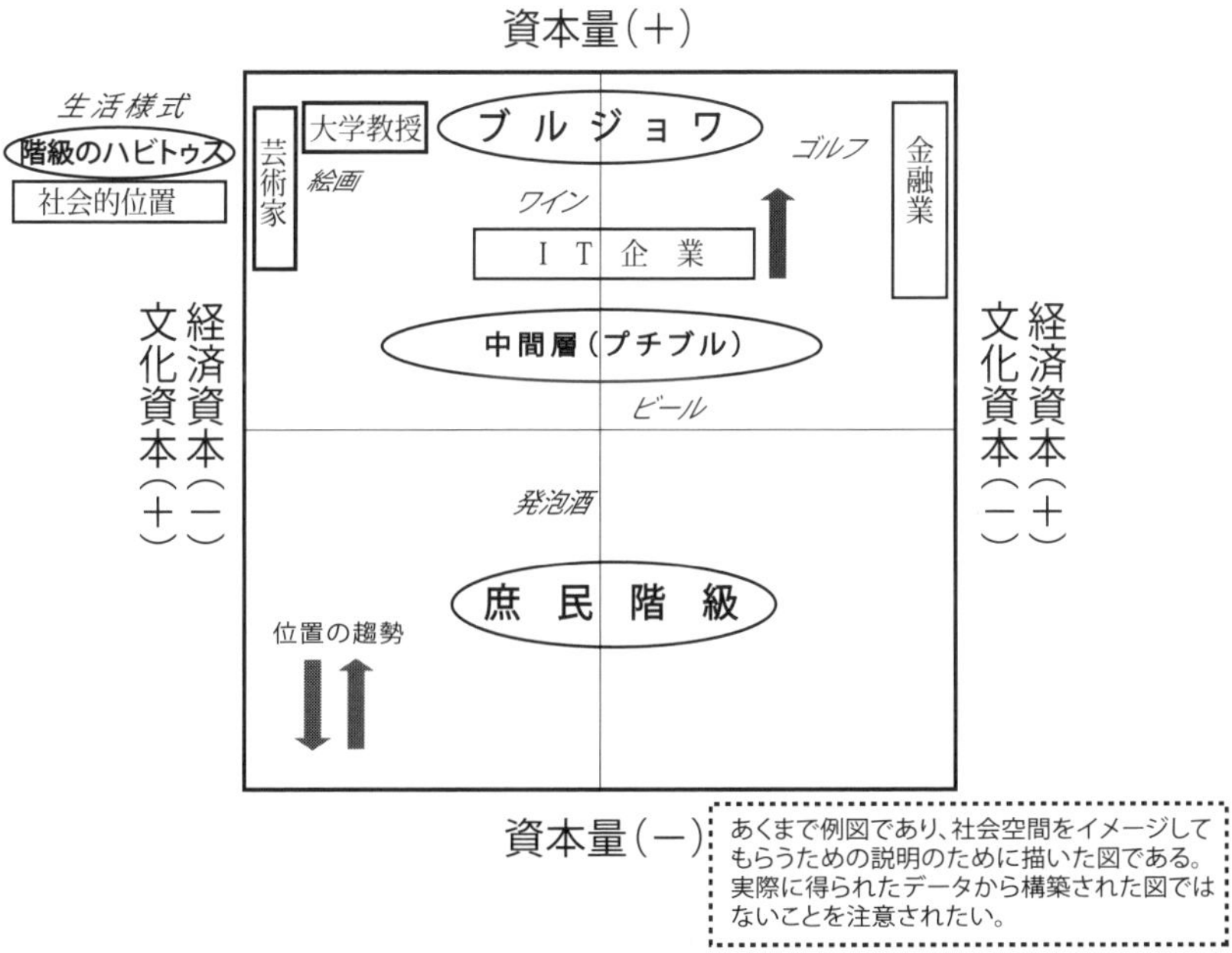

図 1-1　社会空間のイメージ図（例）

の絶対量によって、上下に分かれることになる。社会空間内での基本的な位置は、この絶対的な資本量と相対的な資本構造によって決まってくるが、それらと合わせて時間に沿った位置の変化を組み込み、三次元として描かれている。『ディスタンクシオン』（I、192-193）で描かれた社会空間の図をイメージしてもらうため、筆者による簡略図を示しておく。実際には当時のフランス社会について詳細に書き込まれた見ごたえのある図なので、ぜひ直接本で参照していただきたい。

資本量と資本構造で決まる位置のことを、ブルデューは社会的位置や客観的位置と呼ぶが（図の芸術家や金融業）、彼が描く社会空間図には、生活様式（文化・趣味）の位置も同時に描かれている。これをここまでの用語で言えば、プラティックの空間である。『ディスタンクシオン』では趣味が対象なので、ゴルフやサッカー、テニスなどのスポーツ各種から、好みの画家や音楽家の名前、支持する政治家、所有する車、楽器など、多様なプラティックが織りなす生活様式空間が描かれている。コレスポンデンス分析の結果、これらが社会的位置の空間に重ねあわされ、ある社会的位置の人には近くに位置する趣味があり、違う社会的位置にいる人にはその趣味と距離があることが、空間的に示される。この近い距離と遠い距離は当然、意味の違いとしてあらわれてくる。この本には多様なインタビューの結果が載せてあり、同じ写真を見せても社会的位置によって、美しいと感じる人も平凡と感じる人も、無関心を示す人もいると書かれている。

このように社会空間図には、社会的位置空間と生活様式空間という、二つの空間が重ねて描写されているが、理論的にはさらにこの二つの空間を、ハビトゥス空間が媒介している。ハビトゥスとは「構造化される構造」であり、「構造化する構造」でもある、というのはブルデューがよく用いる言い回しだ。「構造化される」とは、「社会的位置によって獲得される」という意味であり、「構造化する」とは、「生活様式（ライフスタイ

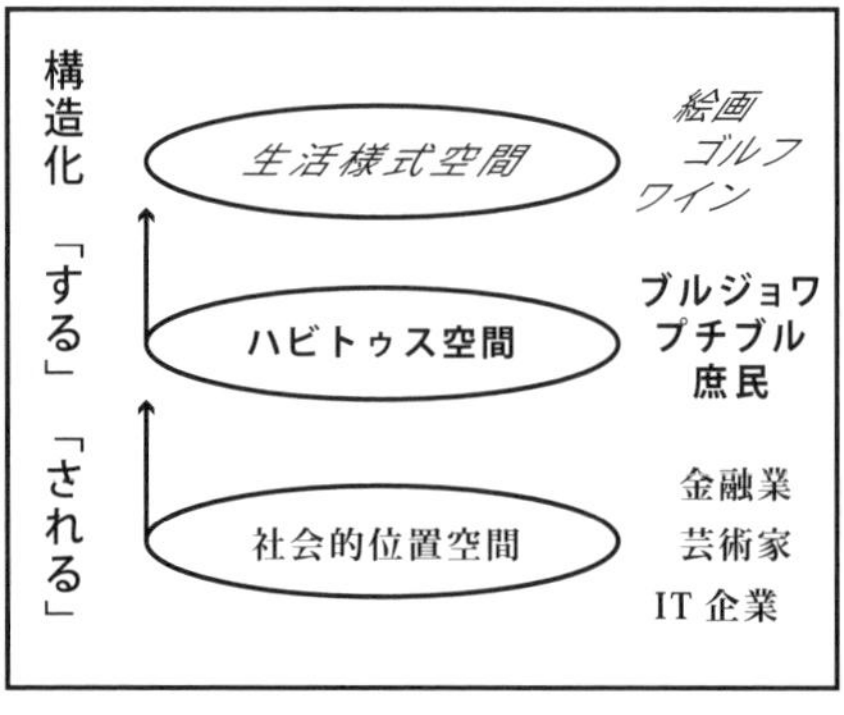

図 1-2　社会空間における３つの空間の重なり

ル）を意味あるものとして生みだす」という意味だ。つまりハビトゥスとは、社会的位置によって獲得された構造であり、さらにその構造に基づいて、生活様式を意味あるものとして生みだす構造でもある。

例えばファッションは社会的位置をあらわす代表例だが、ホワイトカラーとして企業に就職した場合、そこで獲得されるハビトゥスによって、スーツで出社することや、どこまで着崩していいかまで理解しているし、自分が身にまとうファッションの意味を理解し、意味あるものとして着こなすことになる。工場労働者が着る作業着は、その現場に行く仕事でない限りは着用しないだろう（東電の原発事故後の対応で社長が作業着でマスコミに登場したのは、その社会的意味を理解していたからである）。ハビトゥスの説明へと少し脱線したが、要するに社会空間にはハビトゥス空間が、社会的位置空間に構造化された形で存在すると同時に、生活様式空間を生みだす「構造化する構造」としても作用する。『ディスタンクシオン』では代表的なハビトゥス空間として階級のハビトゥスを設定し、当時のフランス社会をブルジョワ、プチブル、庶民階級と３つの階級のハビトゥスから分析した。

このような三次元空間を描く主な目的は、実体論的な思考を断ち切り、関係論的に社会をとらえるためである。例えばクラシック音楽を聴くという慣習行動について、「ある種の人々がクラシック音楽をよく聴く」という分析だけでは意味がないとブルデューは言いたいのである。これは実体論的思考であり、「労働者階級はビールをよく飲む」でも同様だが、それらはより広い社会空間に位置づけられ、「ブルジョワ層は高級ワインをよく飲む」など他の位置や慣習行動と関係づけたときに初めて意味を持ち、理解できる。このようにブルデューは、個々のプラティックを理解するには社会的位置の配置関係と、それに伴う生活様式の配置関係をとらえる必要があると考え、三次元空間を設定した。例えばクラシック音楽を聴くプラティックも、文化資本が多い人がする際の意味と、文化資本が乏しい人がする際の意味とでは違うことが説明できる。クラシック音楽の演奏ではもっと顕著だろう。楽器の所有や習得にかかる費用は、経済資本や相続文化資本（家庭に既にある楽器や親が教えられるなど）に大きく影響されるので、それらが乏しい者と豊かな者では、クラシック音楽を演奏する意味は大きく変わってくる。

時間の要素

ここまでは（資本量と資本構造の）二次元的な説明で済ませていたが、時間に沿った位置の変化も、関係論的思考と同じくらい重要である。彼の関係論的思考は、ソシュールやレヴィ＝ストロースなど構造主義の流れから影響を受けているが、（構造主義が軽視した）時間の重要性もブルデューは指摘している。一つのプラティックには、それに結びついた客観的位置の意味の変化と、その位置にたどり着いた個人の軌道（経歴）と、双方が関わるためである。客観的位置の意味の変化というのは、例えばＩＴ企業のように成長著しい業界や、かたや国内需要の先細りと世界市場での失敗から苦戦する電機メーカーを考えるとわかりやすい。急激に成長し、今後も成長を見込める位置に立つことの意味と、斜陽産業といわれる位置に立つことの意味は、当然違うのである。また個人にとっても、例えば教授の息子が教授になる意味と、肉体労働者の息子が教授になる意味とでは当然違うだろう。このように客観的位置の趨勢と、個人の過去の軌道および今後目指される軌道という時間軸が、プラティックの理解に関わる重要な要素であることもブルデューは示した。

以上、社会空間アプローチによって、ハビトゥス・資本・界という概念が結びつけられながら、関係論的思考と時間的思考が果たされたわけである。マクロコスモスとしての社会空間と、その中で分化して関係的に存在しながらも相対的に自律したミクロコスモスとしての界の中で、その場にふさわしいハビトゥスを身につけ、資本を蓄積し活用することで、プラティックを展開していく個人・社会が描写される。

このようにブルデューの理論体系は『ディスタンクシオン』で一応の完成系をなし、以降の研究では具体的な界の研究に突き進んでいく。そこでより前景化されたのは、**客観化する主体の客観化**という視点や考え方である。

5　理論的研究（『実践感覚』『パスカル的省察』）

『ディスタンクシオン』と同時期に発表された中期の理論書『実践感覚』では、サルトルの主観主義とレヴィ＝ストロースの構造主義の乗り越えが強く意識されている。学者の理論が現実を構築してしまう誤りを指摘し、客観化を仕事とする学者自体を客観化して、反省的にとらえる必要性を訴え、客観化する主体を客観化する視点を理論的に打ち出した。後期の理論書『パスカル的省察』ではそれがより徹底され、哲学批判（スコラ理性批判）の色合いが強く出されている。客観化する主体の客観化の理論的な主張は、彼のアルジェリアやフランス農村の実証研究に基づいてフランス知識人を批判する形をとったが、『ディスタンクシオン』以降の具体的な界の研究では、より徹底した研究実践の形で表された。

6　知識社会学的研究（『ホモ・アカデミクス』『科学の科学』等）

ブルデューが『ディスタンクシオン』以降に研究した対象は、科学界や権力界であった。科学という一見客観的に見える活動が、どのような社会的位置や資本・ハビトゥスによって成立し、知が生みだされているのか。客観化を仕事とする営み自体を客観化してとらえる研究が、『ホモ・アカデミクス』では展開されている。ブルデューの最終講義をまとめた『科学の科学』でも、知（真理）の政治性や権力性を反省的にとらえ返す中で、科学の真理を追究する、客観化する主体の客観化を徹底した姿勢が打ち出されている。

科学界と同様に権力界も、『国家貴族』という著作で、客観化する主体の客観化という視点から鋭く研究されている。大衆の意見を代表しようとする、公平性や一般性を主張する、そういう意味での客観性を国家貴族、すなわち官僚や政治家は表明するわけだが、これらがどのような社会的位置や資本やハビトゥスによって生みだされ、いかに彼らに都合のよい表明であるか、客観化して代弁することを仕事とする人たちを客観化することで明らかにしていくのである（→10章）。

以上のようにブルデューの後期の仕事は、『ディスタンクシオン』で完成を見た自身の理論道具を持って、客観化を徹底する研究を遂行していったとまとめることができる。『介入』という政治的発言集の著作にみられるように、政治にもあくまで社会学者の立場を保ちながら発言するようになる。その他にも住宅市場、メディア市場など様々な対象を研究しているので、興味がある方はぜひ直接読んでみてほしい。

7　ブルデュー理論の意義

ここまでブルデュー理論の成り立ちを追いながら、彼の理論が必要とされた背景や、その意義について確認してきた。最後にあらためて筆者が、彼の理論で重要だと思う部分について述べておきたい。

彼の理論が、人々や社会の動きを理解する上で魅力的な説明力を持つことは、ここまで伝えてきたとおりだが、筆者にとっての意義は、彼の理論が実体論的な思考を回避させてくれることである。例えば筆者の修士論文の研究は、沖縄県の石垣島を対象としたが、当時そこでは移住者がとても増え、移住者と地元民という対立構造がメディア上などで描かれていた。「移住者は～である」といったレッテル貼りに近い言説が、「地元民は～」という語りとセットでメディアに流れていた。しかし筆者は、本当に移住者だからなのか、地元民だからなのか、という疑問を抱いていた。移住者はこういうことをするという実体論的な思考では、差別的な対立構造があたかも本当に存在するかのようであり、それが社会を良くするとも到底思えず、実際はもっと多様に生きているのではないかと考えて、調査に赴いた。調査研究の結果、やはり実際もっと多様な社会的位置や資本に応じて、石垣島での行動や、島や島外、島民、島外民に対する価値観は多岐にわたって展開されていたことがわかった。

ブルデューの理論はこのように、具体的に人々や社会の動きを理解する道具となるが、その意義は、社会で流布している実体論的な常識や通念を突破させてくれるところにある。

第2章　主観を通した社会・権力・資本――ブルデューの〝象徴〟の重要性

多田　治

1　主観と客観の二重性、循環関係

社会学で「現実」と言うとき、そこには人びとの主観も含まれている。また特に「リアリティ」と言う場合、客観的で物理的な現実を指すよりは、人びとが現実を「これが現実だ」として受けとる感覚、主観的な現実感覚のほうにウェイトを置いている。結局のところ「現実」とは、客観的・物理的に起こった現実と、それを人びとが知覚し、意味づけを与える主観的な現実とが、合わさったものだと言えるだろう。客観と主観が二重性をなして現実を形づくっていることを、私はこれまで「リアリティの二重性」と呼び表してきた。

私は大学の授業でこれをわかりやすく伝えるため、図２‐１のような簡略図を描いて説明する。**権力の二重性図式**と呼んでいる。

行為者の主観的な表象は、単に現実を知覚し、映し出すといった受動的なものではない。表象はそれ自体が、現実を構築する能動的な力を持っている。

社会学において、デュルケーム、マルクス、レヴィ＝ストロースらの客観主義と、ウェーバー、現象学的社会学、ゴフマン、構築主義などの主観主義との二項対立はよく語られてきた。だが、主観的表象と客観的現実が二重性をなし循環しあっている以上、主観主義か客観主義のどちらか一方を選ぶ必要はない。表象と現実の関係の総体をとらえることが求められるのである。ブルデューはこう言う。

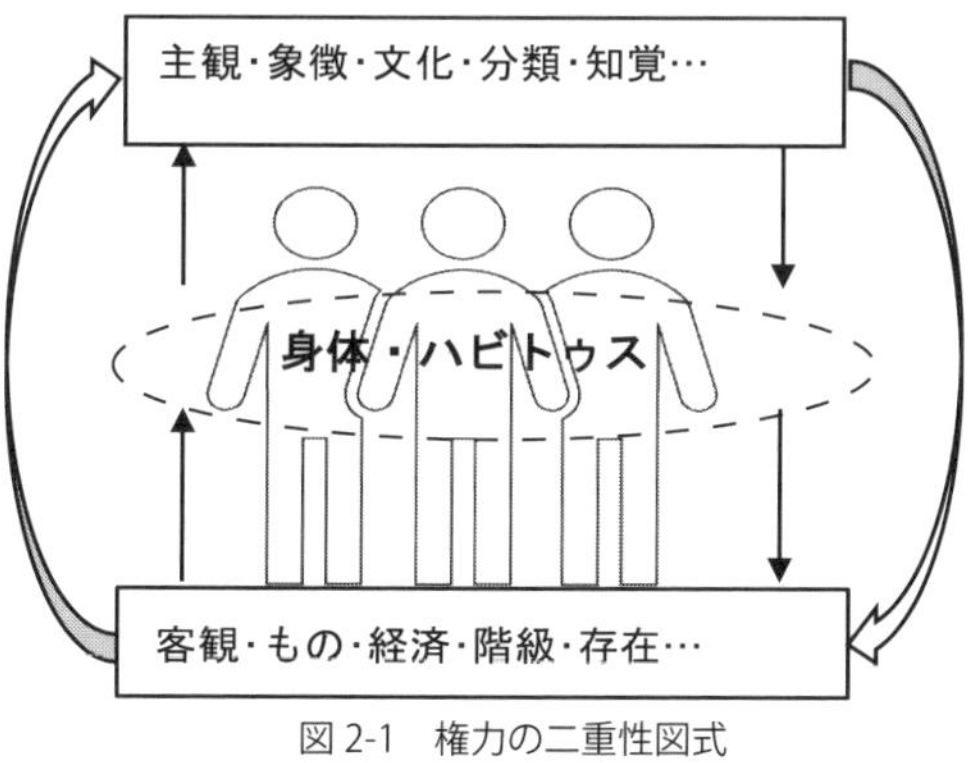

図 2-1　権力の二重性図式

「個人や集団は、それが何であるかによってばかりでなく、何だとみなされているか、つまり存在（être）にしっかりと依拠してはいても決して全面的には存在に還元できない知覚された存在（être perçu）によっても客観的に定義される」。（『実践感覚』1、p.222、強調はブルデュー）

現実とは、人びとの知覚や主観込みの現実である。それが物理的・客観的に起こっていても、誰かの知覚や主観を通して切りとられ、形をなしてもゆく。この現実と表象の循環をどのようにとらえればよいか、以下ではブルデューの説明を見ていくことにしよう。

2　象徴、象徴システムとはなにか

ブルデューは主観の次元を扱うために、**象徴**概念を多用し、とても重要性を持たせている。だが「ハビトゥス」「文化資本」などの通俗的理解に比して、彼の象徴論への理解はいまだ充分なものではない。彼の象徴概念は実に多義的で、幅広い意味・文脈で使われるため、複雑でわかりづらいのだ。列挙しておくと、⑴ものの見方・分け方の原理、⑵意味・価値、⑶文化・主観・認識の諸制度、⑷名誉・威信・承認、⑸正当化・正統性、⑹認知度・知名度・有名性、⑺聖別の儀礼、⑻代表・代理など、複数の意味や文脈が重ねられている。ただしどの意味でも、図2-1の上の部分を指す点は共通している。

ブルデューの象徴概念は、哲学者カッシーラーの「シンボル（象徴）形式」に由来する。カッシーラーは、シグナルが食や性など動物生活の信号であるのに対し、シンボルは人間社会の文化的な意味を伝達するはたらきをもち、人間が「シンボルを操る動物」だと言う。神話・言語・芸術・宗教・歴史・科学などの文化諸領域を**シンボル形式**、**象徴システム**と総称した。これらの諸形式によって、人々の思考とコミュニケーションが可能となり、様々な意味の実質内容が存立しうる。それは、世界を認識し構築するための手段である。

ブルデューは権力論にこの見方を応用するのだが、その際デュルケームをカッシーラーと並列させる。デュルケーム『宗教生活の原初形態』によれば、科学・道徳・法律などの諸制度や、時間・空間・類・数・原因などの論理的カテゴリーは元来、宗教的な起源をもち、歴史のなかで形成された社会文化的な産物である（社会→論理・分類）。一方、社会内の階級や集団の存在は、集団名・職業名・国籍・学歴・性別・年齢・姓名などのカテゴリーを通して初めて知覚・表現できる（名前・分類→社会）。以上の２つの流れは、図２‐１の下部と上部の循環を表す）。カテゴリーとは、経験的なものをある観点から観察することを可能にする認識枠組みであり、これがあるから我々は他人と了解し合うことができる。主観的な表象は客観的な社会的現実に基盤をもつと同時に、その客観的現実も主観的表象によってのみとらえられる。社会的事実とは、表象と現実の循環関係の総体である（図２‐１）。

象徴システムは、デュルケーム流にいうと**集合表象**である。それらが人々に共有されることで、意味のコンセンサスは成り立ち、論理的・道徳的な適合・順応も達成される。ブルデューは象徴システムに、知覚レベルで社会を統合する政治的な機能を見る。象徴システムを通じて「知覚上の現実」を構築する権力を、**象徴権力**と呼ぶ。

3　象徴権力・象徴闘争・象徴資本

だがシンボルの政治的機能は社会統合だけでなく、同時に対立・紛争を生む面ももつ。また象徴システム・集合表象は、デュルケームが考えたように個人に外在的で固定的なものとは限らず、人々の能動的な態度・相互行為のなかで可変的に利用されるものでもある。

ブルデューの結婚戦略の研究から例を挙げよう。宗教・芸術・科学と同様に固有名詞（家の名字）も、社会に共通の象徴システムである。行為者はそれを使いこなすことで、個別の利害関心を充たそうとする。結婚によって「誰々」「誰々の息子」といった固有名詞を手に入れ、系譜上の地位を獲得することは、その家族の世襲財産への継承権（例：２世議員・俳優）を得ることになる。このように、象徴システムを操作して自らをよりよく名指し、実際の社会的地位を上げようとする人々の闘争を、ブルデューは**象徴闘争**ととらえる。

「社会」は、単一の全体ではない。多様な行為者たちに、社会は同じように現れてはいない。過去の歴史・闘争を経てきた状況で、諸個人に与えられた特性・所有物は、各自異なる。経済資本、学歴・知識・趣味などの文化資本、言語能力、身体的特性、性別、年齢、職業、居住地・出身地、友人・コネの社会関係資本など多様な持ち分が、異なる度合いで人々に振り分けられている。社会空間や界のなかで価値の高い資本を持つほど、その個人は社会の序列で高い地位を与えられる。ブルデューは、社会分析に行為者の客観的位置（position）を導入し、「誰にとって」という行為者間の差異を、つねに考慮に入れる。

さらに、その差異は客観的な位置・特性の差異だけではない。諸個人の性向・**ハビトゥス**は、その人が根ざす客観的位置において、明示的・暗黙的な教育によって、幼少期から長期の時間のなかでゆっくり形成されていく。社会が諸個人の身体に、ハビトゥスとして内在化されていくとき、それは誰にも同じものとしてでなく、特定の位置からの特殊な条件づけを伴う。彼らが自分の性向にしたがって世界を見るとき、その主観的な表象は違ったものとして現れる。つまり、主観的な認識・分類・評価図式は、客観的な位置によって異なるものとなる。位置（position）と性向（disposition）、階級（class）と分類（classment）、客観的存在（présence）と主観的表象（re-présentation）は、ハビトゥスを媒介して各個人のなかで緊密に結びつきながら、他者との関係においては無数の差異として現れ、対立を生み出していく（図２‐１の簡略図では、この主観と客観の対応・相同関係が、ハビトゥスによって媒介される様子を表した）。客観的地位の境界線による分割（division）は、パースペクティブ・視点におけるビジョン分割（di-vision）と密接につながっているのである[注1]。

行為者の主観的な視点は、現実を構築する一定の力をもつが、この構築は恣意的に行われるわけでなく、社会の特定の位置からの視角に基づいている。客観的な社会的位置という出発点が、人びとのビジョンのあり方を左右し、時にはビジョンどうしを対立させる。行為者による世界像の構築は真空の中で行われるわけでもなければ、単なる個人的なものでもなく、集団的な作業でもあり、社会関係の構造的な拘束のもとで行われる。主観的な知覚・評価図式は社会的起源をもつため、それ自体が社会的に構造化さ

注1　この点の理解を深めるには、『男性支配』（藤原書店、18-80）の男女のジェンダー的な支配関係の記述が、特にわかりやすく説得的だ。

れているのである。

ひとは社会的世界を知覚するとき、趣味のように、それまで獲得してきた関心に従って分類や評価を行う。その知覚した世界を自明視しているため、他者との関係では意図せずして、自分の関心の正統性をめぐる闘争が生じてしまう（その闘争は本人の自覚を要しない）。分類システムは、個人・集団の間で共有される集合表象だが、それを個々人が実際に使うときに、その用法（usage）の差異・対立が生じる。こうした象徴システムの用い方の正統性をめぐる闘争が、**象徴闘争**である。

象徴闘争は2つの形をとる。①客観的側面。ひとはある集団を名指し、その数や力、まとまりを誇示することで、潜在的な集団を可視化し、価値を与え、社会空間の中での客観的な位置を操作・確定しようとする。階級・性・世代・地域・国民などの集団は、**認知**と**承認**を通して他と区別される中でアイデンティティをもつ、「知覚された存在」である。②主観的な評価を操作する闘争。例えば世代間対立では「若さ」を自由の特権にしたり、未熟さのもとに退けたり、「年上」に責任を押しつけたり、経験の豊富さを主張したりする。

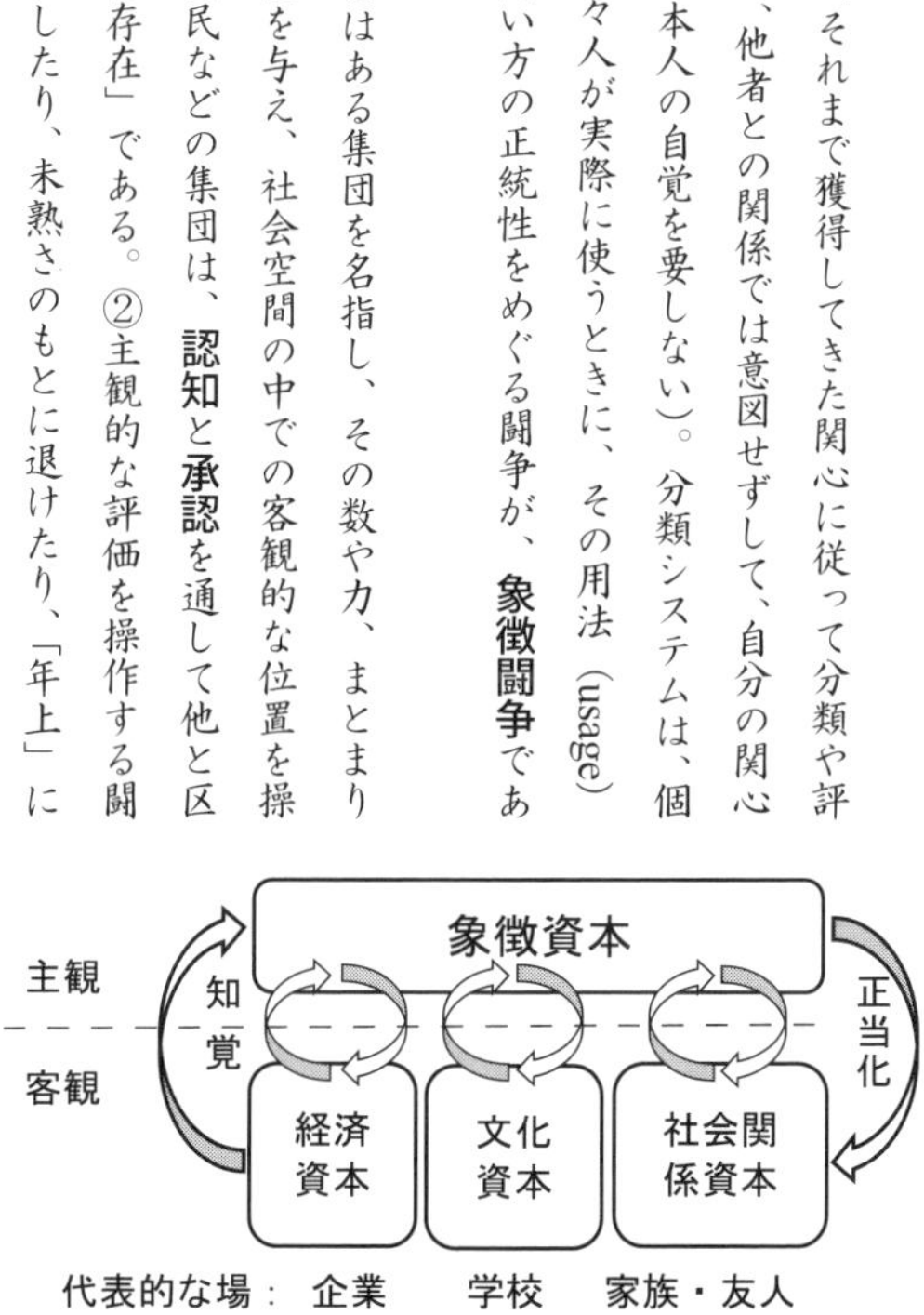

図 2-2　象徴資本と他の資本との関係

年齢や性別、身体特性、職業、居住地・出身地、経済資本、文化資本など、諸個人の物質的・客観的な諸特性は社会関係の中で知覚されると、（正負の）価値を与えられ肩書や身分として流通する、**象徴資本**となる。象徴資本とは、様々な資本が主観的な認識・評価を付加されたもの、知覚カテゴリーに従って認知された資本である。象徴資本と他の諸資本の関係は、簡略図として図2-2のように表せる。

個人・集団は、事実上の存在（～である）と権利上の存在（～であるべき、～であってよい）の二重性をなす。象徴資本は、当該人物に主観的な承認・正当性を与えることで、事実上の存在に権利上の存在を重ね・付加する作用をもつ（「あなたはそれでよい」「存在する価値がある」)。これは図2-1でいうと、上→下の矢印の流れである。マックス・ウェーバーが描いた支配の正当化や、資本主義活動をプロテスタンティズムの倫理が後押しした営みも、この図2-1の上から下への主観的正当化の側面を扱っていたのである。

客観的な力関係は、象徴的な力関係の中にも再生産される傾向がある。行為者は象徴闘争に、過去の闘争から得た象徴資本を投入し、増大・維持を図る。国家資格や学歴・学位といった、制度的に保証された象徴資本は強力であり、資本を多く保持する者たちは、自分に有利な価値体系を押しつけることができる(例:就活)。階級分け・等級づけ・分類(classment)の闘争は、階級闘争の根本次元をなす(図2-1の循環)。異なる階級・集団は、自分の利害に見合った社会的世界の定義・分類を押し出す象徴闘争に従事している。

ブルデューは象徴資本・象徴権力などの概念化・名詞化を通して、自明で素通りされやすい〝象徴的なもの〟を、物と同等の資格をもつ対象として扱うことを可能にした。これによって象徴と物、象徴資本と経済資本、主観と客観などの循環関係をとらえる認識地平が開かれたといえるだろう。[注2]

4　象徴資本と贈与の論理

ブルデューは、「資本」概念を経済以外の領域に拡充し、一般化することで、狭義の経済を相対化し、一般的な象徴経済のなかに位置づけなおした。[注3]これはマルクスの(階級)闘争の視座を拡充しながら、モースが『贈与論』で行った試みを受け継いでもいる。

注2　なおブルデューの象徴論では、代理闘争や権限委託、象徴生産の界と消費者の相同性なども重要な要素とされるが、混み入った議論になる。本章では象徴や象徴資本の基本的理解を優先するため、これらを割愛する。関心のある方は、『構造と実践』214-220、245-271などを参照されたい。

注3　「文化的財にもひとつの経済があるが、この経済は独自の論理をもっており、経済至上主義をのがれるためにはこの論理を抽出しなければならない。」(『ディスタンクシオン』Ⅰ、p.3)

いる。

高度に差異化・専門分化の進んだ社会（近代）では、社会空間は相対的に自律した下位空間＝**界**（champ/ field）に分化してゆく。経済界・政治界・芸術界・大学界・スポーツ界などの界はそれぞれ、他には還元されない固有の実践的論理をもつ。ブルデューは界の分析に、ゲームのアナロジーを導入した。人々は自分が所属する界のなかで価値を与えられた財＝賭け金を求めて闘争する。各プレイヤーが持つ有効な特性が**資本**で、この資本も過去の闘争の産物である（ただし本当のゲームと異なり、界は自覚的な創造の産物でなく、明示的ルールに従うとも限らない）。界で闘争するプレイヤーたちは対立しながらも、すでにゲームに参加している事実（界への内属）によって、ゲームの存在と価値への信念を共有している。この信念の一致が、界のゲームを成り立たせている。

経済資本・文化資本・社会関係資本など、資本は特定の界のなかでこそ意味と価値をもつ。[注4] もともとマルクスの資本も、具体的な社会関係においてこそ資本となるのであった。ブルデューは資本概念を経済以外の領域に広げて全域化し、経済資本の貨幣や不動産等を相対化したわけだが、彼の言う（広義の）諸資本もあくまで、特定の界との関連でのみ存在しうる社会的エネルギーである。例えば、経済界の経済資本である貨幣は、教養が文化資本となる文化界では、相対的に価値を低下させる。逆に芸術的教養は、経済界では資本としての価値を下げる。諸資本がそれぞれ適合できる界の文脈があるわけだ。

行為者は何らかの界に帰属し、特定の価値への信仰に包まれている。ブルデューは行為者たちのゲームへのとらわれを、イルーシオ *illusio* と呼ぶ。それは「現実に根を張った幻想」として、単なる幻想 illusion とは区別される。ゲームと賭け金への投資／打ち込み（investissement）、ゲームへの利害関心（intérêt）であり、諸前提への同意である。彼が intérêt において利害と関心を結びつ

注4　資本は、①「ハビトゥス」として身体化された特性、②貨幣や文学全集のように客体化された物体、③学歴や弁護士資格のように制度的に保証されたもの、といった様々な形態をとる。だが注意すべきは、資本を物理的な実在体として考えてはならない、ということである。つまり、それは諸個人の所有物であると同時に、その存在と価値が社会関係の中で、共通の知覚カテゴリー（象徴システム）に従って認知・承認されることで成り立つ、集合表象でもある。その意味で諸資本は「象徴資本」の面を兼ねる。

け、investissement において投資と心理学的な「打ち込み」を結びつけるとき、従来の経済学の見方を相対化するねらいがあった。

個人主義的な利害の観点から経済活動を考えるだけでは、経済市場の最も基本的な要因を見落とすことになる。それは、貨幣という共通の価値への信仰である。このあまりに自明な事実が、商品を商品たらしめている。つまり、我々は経済界に帰属し、貨幣と商品の価値を承認しているからこそ、投資／打ち込みを行い、「自由に」経済活動ができる。この共通の信仰は、デュルケームのいう「契約の非契約的基礎」である。徹底した合理性を旨とする市場経済でさえも、貨幣への集合的信仰を基盤に据えている。

経済だけでなく、政治・教育・科学・芸術・スポーツなど、様々な領域が界であり、同様の信仰に基づいている。界は社会的構築物で、長期の自律化過程の産物である。自律化すればするほど、界は部外者にはわからない固有の論理をもってくる。界と信仰・投資／打ち込みとの関係は、当事者には自覚されず、全面的で無条件なものとなる場合が多い。信念は、界への帰属と一体である。特定の界のゲームを壊す者たちはそこから排除され、選別を受けた新規参入者は持続的な教育を通じて、その界に適合的なハビトゥスを形成し、界の基本前提に対して素朴な同意を与えるようになる。ゲームの価値は、界の機能の論理自体の見すごしを通して成り立ち、日々の承認行為によってたえず再生産されてゆく。ブルデューはこうした承認を、集合的誤認と呼ぶ。

ところで、モースは『贈与論』で、贈与やポトラッチによる名誉と負い目のやりとりの諸事例から功利主義的な経済活動を相対化し、社会感情・信仰の総体の中に位置づけた。モースは、贈与の論理においてはあくまで「負い目」が重要な役割を果たし、贈り物には原住民の言う「ハウ」という特殊な力が宿ることで、受贈者に返礼を強いるのだと考えた。これに対してレヴィ＝ストロースは、モースの仕事を高く評価しつつも、彼が主観主義に陥っていると批判し、感情や宿命といった概念を非科学的として退ける。レヴィ＝ストロースにとって負い目・ハウはあくまで、一般交換という無意識の普遍的な社会的事実が、行為者に意識された形態にすぎない。

しかし、予定調和的な一般交換の規則を想定することは、あくまで観察者の客観主義的な立場であり、行為者の「実践の論理」を見落とすことにつながる。実際の時間の中で、行為者の負い目という信念・表象が能動的に現実を作っていく側面だ。贈与交換は、予定調和的に行われない。それは名誉の交換でもあり、行為者間には多少とも緊張が伴う。贈与を返す、払うことで、負い目を祓うことができる。舞台の進行中は、相互行為が無事に完了するかどうかは不確実なままである。交換の間の時間的なズレ、先行きの曖昧さがたえずつきまとうからこそ、「負い目」の魔力、社会的な効果も生じる。ここにみられるのは、「主観的なものの客観性」、現実性である。

ブルデューは、レヴィ＝ストロースが見出そうとした交換の蓋然的確実性から、絶対的不確実性へと視点を移行させ、当事者世界の時間性、リズム・方向・不可逆性を再導入する。贈与と対抗贈与との時間間隔が適度に空いていることが、贈与の本質的な条件である。負債を急いで返すのも、先延ばしにしすぎるのも、相手の気分を損ねる可能性があり、微妙なタイミングが要請される。客観主義的な観察者が見出す交換の機能を、行為者たちは認めない＝隠蔽することによって、贈与交換を成り立たせる。時間の隔たりは、全体化を妨げるスクリーンの役割を果たし、交換の事実を当事者たちに見すごさせる。

贈与において交換される財は、名誉・威信・特権という、実体のない社会的な信用、「マナ」＝象徴資本である。マナとは社会感情の表現であり、観念的な力でありながら、同時に現実的な効果をもつ力でもある。贈り物をする者はすでに持っていた象徴資本をそこに投入し、増大・維持させてゆく。

5　観光現象にみる経済面と象徴面の二重性

ここで、象徴論の具体的な応用例として、私がこれまで研究してきた沖縄観光の事例にひきつけて提示しておきたい。観光はまさに象徴と物の相互作用からなる現象であり、こうした視座が活用しやすい。ここで例に挙げるのは、観光が基幹産業となった島で、Uターンであれ移住者であれ、島に住む人々がどう自分たちに合うよう観光を主体的に担い、内発的かつ持続的な「着地型観光」を育てることができるか、という問題だ[注5]。沖縄の八重山諸島では近年、石垣島の石垣市風景計画や西表島のエコ・ツーリズ

注5　より詳細は、拙著『沖縄イメージを旅する』中公新書ラクレ、259-264を参照されたい。

ム、滞在型観光など、観光や景観、開発を地元側・内側から主体的にコントロールし、主導権を積極的に発揮していこうとする試みが展開されてきた。

島は他から隔離され、空間が限られているため、島のアイデンティティはより濃密になる。島で生きることの意味づけや価値が大事になる。だが島で暮らし続けるには、経済的にも食べていけねばならない。アイデンティティと経済生活の問題は、密接に結びつく。ここで再びブルデューに戻ろう。経済的なものと非経済的なものの関係だ。人が生きる上での心理的な意味づけや価値づけ、アイデンティティ、誇りや名誉、満足感といった要素は、決してお金（経済資本）に還元できない、**象徴資本**として位置づけられる。経済資本と象徴資本は対立もするが、重なり合いもする。人は特定の場所に暮らす上で、お金を稼ぐことは必要だが、ただ純粋にお金を稼ぐだけでも満足できない。どう稼ぐのか、どう暮らすのかという、意味づけや価値づけ、物語性、自分らしさ、面白さ、充実度など、総称して象徴的な側面の満足も、経済活動には付随してくる。

観光はまさに、経済面と象徴面が一体になった現象である。風景・自然・文化・歴史・物語など非経済的・象徴的な要素を、経済サービスに組み込む営みである。「誰が島を見せ、その立場から何をどう語るのか」という担い手の面も、重要な象徴的要素になる。島の人も主役になれる内発的観光・持続的観光を模索していくことは、経済面と象徴面を一体にして、島を引き受け生きていくことでもある。

このような経済と象徴の関係・つながりは、第2部の歴史篇でもたびたび登場する。そこでまた議論を展開してゆくので、象徴への理解をさらに深めてもらえれば幸いである。

第3章　社会的成功のため勤勉さと悪徳を求める若者たち
——渋谷センター街のギャル・ギャル男トライブ

荒井　悠介

1　ギャル・ギャル男サブカルチャーとその研究方法

1-1　ギャル・ギャル男サブカルチャー

本章では、逸脱的な「族」に所属する若者たち、とりわけ「ギャル」「ギャル男」と呼ばれる若者たちのサブカルチャーを対象とし、彼らの社会観と、彼らがどのような資本を持つことで将来に希望を見出しているのかを明らかにする。まずそのファッションの特徴から言うと、「ギャル」とは濃いアイメイクをし、明るく染めた髪、人為的な日焼けや肌の露出、水商売のホステスのようなファッションなどを好む女性を指す。「ギャル男」とは、明るい髪色に日焼けした肌、暴力団関係者を意識した不良っぽい格好や、ホストのようなファッションなどを好む男性を指している。コギャル、ガングロ、ヤマンバ、マンバ、センターGUYなど、その突飛なファッションが注目されてきた者たちもその中に入る。

「ギャル」とはもともと、1970年代に日本に流入し使われてきた言葉だが、英語のgirlの俗語galが元にはある。日本では当初、若さあふれる活動的な女性を表した。90年代後半以降、その男性形の「ギ

ャル男」という言葉が登場し、特有の意味を帯びた。「ギャル」と「ギャル男」は、90年代末から2000年代初頭にかけて東京の繁華街、とりわけ渋谷センター街を中心に遊ぶ、主に10代～20代前半の派手な若者達を表す言葉になった。特にそれは、渋谷のファッションビル109に代表される独特のファッションやメイクに加え、その逸脱的な行動様式とも結びつけて語られてきた。本章では、ギャル・ギャル男の中でも特に繁華街をたむろしつつ、自分達でイベントを企画運営する「イベサー」と呼ばれる集団に属する若者達を中心に論じる。この集団のメンバーは「サー人（サージン）」と呼ばれ、また集団同士でコミュニティを形成し、「サークル界」と呼ばれる独自の社会を作っている。本章の研究はイベサーへの参与観察と、そこに所属する若者への聞き取り調査を通じて、ギャルとギャル男の文化と生活、その価値観と社会との関わりを考察していくものである。

1-2　ネイティヴ・エスノグラフィー

本研究の対象に対し筆者は1998年からこのシーンに参加し、2001年から渋谷の集団に属してきた。03年まで当事者として関わり、最終年度は団体代表、全国筆頭という役職で深く参加した。自らが「卒業」した04年以降は調査者として、参与観察とインタビューを中心とした定性調査を2017年現在まで行ってきた。本章の内容は、そこで行ってきた聞き取り調査とフィールドワークに基づくネイティヴ・エスノグラフィーである。ネイティヴ・エスノグラフィーとは、参与観察を基本としたエスノグラフィーの手法を調査者自身が、所属する集団に適用していく試みであり、「当該文化のなかで生まれ育ったネイティヴ自身が筆をとり、集団の内部者としての立場をふまえて、内側からその文化について分析や考察を行うこと」（照山、2013: p.68）を指す。

なお本章の議論は主に、2009年までに得られたデータを中心とする。この対象は、急速な流行やSNSの普及により09年以降、サブカルチャーからメジャーなカルチャーへと変化し、所属する人々の行動様式、学歴等の属性を大きく変化させた。それ以前、09年までの彼らの価値観は、後の世代にもある程度通底することは、筆者の他の報告や、他の論者の研究（ザラディン、2011）などでも明らかにされてはいるが、逸脱性はかなり低くなり、階層・属性も異なる。同一の集団に属しながらも異なる属性の対象者の発言を同一に扱うことは、研究の妥当性のため避けなければならない。本章では高学歴者が多く所属し逸脱性が高いサブカルチャーに着目するため、あえて09年までのイベサーに焦点を当てる。また調査にあたっては04年以降、いかなる対象・立場の人にも、自らの立場を研究者として伝えた。またインタビュー・写真資料として使用する際には、本人から許諾を得ている。ただし、研究倫理の面から内容に支障がない範囲で個人・団体が特定できないよう、データを加工している。

2　サブカルチャー研究の系譜

2-1　ギャングからクラブカルチャーまで　海外におけるサブカルチャー研究

本研究は初期シカゴ学派社会学、バーミンガム学派のユース・サブカルチャー論、またそれ以降のポスト・サブカルチャー研究の系譜をうけている。まずはサブカルチャーについて、先行研究の流れを示しておく。というのも日本的な文脈では、サブカルチャーという言葉は「サブカル」と同義とみなされがちだからである。

本研究は、都市の逸脱集団のサブカルチャー研究の系譜に連なる。この系譜は、初期シカゴ学派と呼ばれる１９２０～３０年代のシカゴ大学社会学部の研究者が行った研究に端を発する。当時のアメリカ社会は急激な経済、消費文化の発達、移民の流入と都市のスラム化が進み、従来の都市中産階級とは異なる価値観や生活様式を持つ集団が生まれてきた。シカゴ学派は、そうした背景からサブカルチャー研究を始めた。ギャングや犯罪者、ホームレス、ジャズミュージシャン、ダンスホールで働く女性、移民といった、主流集団に属さない人々の文化を独自の価値体系を持つものとして、フィールドワークから描いた。ギャル・ギャル男の文化をサブカルチャーと呼ぶのも、広い意味ではこの文脈からである。

この系譜を引き継ぎ、サブカルチャー研究を理論的に発展させたのが、１９７０年代イギリス、バーミンガム大学の現代文化研究センターで行われた研究だ。当時のイギリスは、経済不況とサッチャー政権下で政治の保守化が進み、従来の労働者階級文化の解体が進んでいた。バーミンガム学派は、「若者サブカルチャーを労働者階級文化とのつながりにおいてとらえ、文化的階級闘争の担い手としての可能性をみいだそうとした」（成実、2001）。バーミンガム学派の中でも参与観察を用いた代表的な研究に、労働者階級の若者の文化を明らかにしたポール・ウィリスの研究（1977）がある。シカゴ社会学のエスノグラフィーを引き継ぎながら、構造主義・ポスト構造主義・記号論の影響下で、階級、ジェンダー、人種やエスニシティを分析因子としながら、主流の文化に対する交渉や抵抗の契機をサブカルチャーに見出したのである。パンク青年のスタイルや音楽、ファッションを通じた意味の破壊転覆を論じたディック・ヘブディッジの『サブカルチャー』（1979）も、この潮流の代表的なものだ。

もちろん、すでに1世紀近く前のシカゴ学派や40年前のバーミンガム学派が対象にしたサブカルチャーと、現在の東京のサブカルチャーでは、大きく状況が異なる。イベサーのギャル・ギャル男は、どれほどそのスタイルやファッション、行動様式が逸脱して見えても、その多くは高校や大学に通う比較的裕福な階層に属する若者である。その自宅は東京一円に広がり、居住地域にコミュニティを形成しているわけでもない。また非行や犯罪、階級や人種、エスニシティなど従来のサブカルチャー研究の語彙では説明できない多くの問題を含んでいる。そして現代は、戦間期アメリカやサッチャー期イギリスの都市のように、主流集団と周縁的集団、メインカルチャー（ペアレントカルチャー）とサブカルチャーのような明確な区分ができない時代に入ってもいる。

そこで本章の問題意識を共有するものとして、ポスト・サブカルチャー研究と呼ばれる潮流が90年代半ばより生まれ、サーフィン、バイク、クラブカルチャーなど様々なサブカルチャーを対象にしている。バーミンガム学派の従来の研究が、表象を通じて当事者の意図を政治的に読み解く傾向が強かったのに対し、この新潮流はサブカルチャー内部の多層性や多様性に着目し、フィールドワークに回帰する傾向がある。また、元パンク青年が自分のいた文化を研究するなど、本章で扱うネイティヴ・エスノグラフィーの手法も生まれている。特に本研究が連なるのはポスト・サブカルチャー研究の中でも、ピエール・ブルデューの理論に依拠したサラ・ソーントンの研究（1995）である。ソーントンは、サブカルチャーに関する知識量の多さが界の中で承認と地位上昇を導き、サブカルチャー産業で経済的報酬を得られる資本となるという、**サブカルチャー資本**概念を提唱した。本研究ではこの知見を日本のユース・サブカルチャーに照らし合わせ、より拡張してとらえ直す。

本研究はシカゴ学派やバーミンガム学派から多くを継承しながらも、ポスト・サブカルチャー研究のようにフィールドワークに回帰し、当事者の主観的な意味づけや解釈を重視するアプローチをとり、現代日本のユース・サブカルチャーズの特色を描き出していく。

2-2　暴走族、コギャル、日本におけるサブカルチャー研究

日本におけるサブカルチャー研究の系譜もみておこう。日本ではこれらの研究は階級・人種・ジェンダーの問題ではなく、何より「世代」の問題として扱われてきた。日本のユース・サブカルチャーズに関して一定期間継続してフィールドワークを行った先行研究としては、暴走族のフィールドワークを行った佐藤郁哉と大山昌彦の研究が代表的で（佐藤 1984・1985、大山 1998）、本研究にも直近の先行研究となる。両者はともに、暴走族のような逸脱集団に属していても、卒業儀礼を経れば当事者たちは悪徳をなくし、就職と結婚を軸とした道徳的な生活に落ち着いていくといった論調をとっている。悪徳の経験が将来の社会的成功に結びつくような発想はなく、むしろ繰り返すべきでないものという当事者の認識を前提にしている。

だが、これらの研究が行われた時代と現在では、時代背景や若者が社会から受ける影響も大きく異なる。また対象の属性の違いも大きい。佐藤・大山の研究対象は、最終的に地域社会で働き生活し、学歴が低くライフコースが限られた若者たちであった。それに対し、本研究のギャル・ギャル男は、地域社会での労働や定住に縛られず、大学進学者や進学予定の高校生が中心であり、高学歴に伴い選びとれるライフコースも幅広い。こうした属性の違いから、従来とは異なる知見を見出せそうである。

次に、ギャル・ギャル男については、継続的なフィールドワークをした研究は行われておらず、基本的に文献調査や短期間の調査によるものにとどまる。本研究は、それまで断片的な把握にとどまっていた当事者たちの活動を、長期的なフィールドワークで連続的に見ることにより、新たな意味づけを明らかにした。

例えば宮台真司（2000）は、90年代初頭の援助交際するコギャルの行動を学校的空間からの逃避と意味づける一方、本章の対象

となるような繁華街にたむろする若者の集団は、詳しい考察から外している。また近年の研究では、階層上昇志向の低い消極的な若者たちとみなす論旨が見受けられる（三浦 2001）。また海外の社会学者ローラ・ミラー、シャロン・キンセラも、日本のコギャルの研究を行っているが、彼女たちの行動を社会や親世代への反抗として分析している（Miller 2005, キンセラ 2005）。他のギャル文化研究でも、ギャル・ギャル男的な価値観を自己実現や社会的成功に必要な要素としてとらえ直した研究はなされていない（難波 2007、ザラディン 2011）。

本研究の問題意識は、「平均以上の出身家庭の経済力、学歴を持つユース・サブカルチャーズが、なぜ逸脱するのか？」を明らかにすることである。この問いに対してユース・サブカルチャーズのメンバーは、悪徳を資本としてとらえ、その資本を活用することが、将来の一般経済社会での成功に結びつくという見通しを持っており、それが逸脱に結びついていることがわかった。以下ではこの新たな知見を伝えていくことにしよう。

3　ギャル・ギャル男トライブ[注1]の概要

3-1　傾き者集団からギャル・ギャル男トライブの成立まで

本研究対象のイベサーは、日本のユース・サブカルチャーズの系譜に属する集団である。近代化以前の日本でも、貴族や武士など豊かな階級の子供が徒党を組んだ傾き者集団などが存在していた。近代化以降、戦前の日本では「不良」と呼ばれ、自由民権運動や文学、演劇にのめり込んだ若者や、モボ・モガ、アプレゲール、愚連隊、斜陽族などと呼ばれた学生たちがいた。高度経済成長期には太陽族、カミナリ族、暴走族、ツイスト族、みゆき族・原宿族、ヒッピー族等の集団が現れ、有閑階級の拡大とベビーブーム世代の人口増大によって、以前は少数の問題だったものが社会問題化することになる。

注1　「トライブ」は、上野俊哉（2005: 15-16）の「都市の部族（Urban Tribes）」概念を参照し、サブカルチャー、趣味やスタイル、身ぶり感覚の面で、集団性・共同性を形成して影響し合い、文化的・物理的に争いもする集団を指す。近年の当事者には自ら「渋谷トライブ」と呼ぶ者もいる。

豊かさが充分に行き渡っていない時代のユース・サブカルチャーズは、「群を成す反抗＝族」という文脈で語られたが、１９８０年代に豊かな時代が来ると、ユース・サブカルチャーズも大きく変貌した。竹の子族、クリスタル族が生まれ、バブル崩壊直前にはリッチな不良という新しいカッコ良さが形成される。そうして都内の有名大学を中心としたインカレのイベント系サークルが旺盛を極め、その後輩である有名私立高生からなる渋カジ族やチーマーを生み出した。これが本章のイベサーの元となる集団である。

徐々にユースギャング化し社会問題化していったチーマーからは有名高校の若者が離れ、その加入層の若者たちは新たにサークルと名前を変えてゆく。そしてチーマーを卒業したＯＢも大学に入り、新たに元チーマー系イベントサークルを作るようになる。このような経緯を経て、インカレイベントサークル文化と、ユースギャングのチーマー文化が混ざり合い、渋谷センター街を起点に活動を行うイベサーとその社会が形成された。

３‐２　ギャル・ギャル男トライブの特徴

イベサーは、イベントの企画運営や様々なトラブルに対応するため暴力団と交渉できる人間を、「ケツモチ」という名の管理者におく。また同一のケツモチを付けているサークルは、系列と呼ばれるグループを構成する。そのためサー人はケツモチを尊重し、その対価の一部として、彼らが管理するクラブイベントに参加することや、彼らを通じてクラブを予約することにより、彼らに納金をする。そして時には彼らの仕事に協力する。ファッションや価値観、行動様式に加え、このようなケツモチを付けていること、そしてケツモチが複数人集まって主宰するイベサーの合同イベントに参加することが、イベサーと他のイベント団体の違いである。現在まで続くイベサーの合同イベントは１９９５年に始まり、２００９年のピーク時には全国47都道府県で行われた。だが現在では開催する都市を大幅に減らし、東京といくつかの主要大都市でのみ行われるほどに規模を縮小させている。

東京都のサークル界[注2]には、「大サー」と呼ばれる大学生の年齢のメンバー中心のイベサーと、「ユース」と呼ばれる高校生の年

注２　ブルデューの「界」概念とたまたま重なるが、当事者の間で長年広く使用されている呼称で、実際に「界」としての性質を重ねることもできる。

齢のイベサーの二つがある。また、イベサーの中でも女子のみで構成されるイベサーを「ギャルサー」と呼ぶ。加入年齢の中心は15歳から22歳である。彼らは高校三年や大学三年の年齢になると、引退式という「卒業」の儀礼を行い、この世界から抜けていく。彼らの活動目的は基本的に、サークル界の中で「イケてる」ことの承認や威信を集めること。他のイケてる人間をより多く、自分たちの単独のイベントに集客すること。合同イベントでは多くの納金をし、パンフレットで前の方に大きく取り上げられ、自分たちのグループやメンバーを高い役職に就かせること。これらを通じてサークルの力を示すことが、活動の中心となっている。

ブルデュー流にいえば彼らは、勤勉に活動を行い自らのサブカルチャーにおける文化資本・身体資本・象徴資本を活用することで、同じく諸資本を持つ者との間で人間関係資本や経済資本を獲得・交換し、自らの象徴資本も増大させる。実績・評価・威信といった象徴資本（諸資本を主観のレベルでまとめあげたもの）を、イベントを通じて可視化させ、その象徴資本を確固たるものとして獲得・保持することが、活動の目的となっている。

本章で扱うイベサーの偏りと特徴を述べておくと、他府県のイベサーと比べフリーターや仕事をしている人の割合が低い。家庭が裕福で中高一貫校出身者、高い偏差値の学校など、出身階層が高いメンバーが中心である。

4　活動における４つの価値観と将来との結びつき

本節では、サー人たちがどのような価値観を重視し、それをどう将来に向けて位置づけているかを明らかにしていく。サー人の中には、単に遊びとして所属しているメンバーも少なくないが、中には非常に意識的に、サークルでの経験が将来の自分のキャリアの肥やしになると考えているメンバーもいる。以下ではその価値観と、サー人がいかにそれらを自分たちのキャリアと結びつけているのかを明らかにする。

４-１　勤勉な人づきあい　シゴト

まず、「シゴト」という行動・価値観である。サー人がサークルのために行う行動全般をシゴトと呼び、彼らの中では勤勉に組織のために働き、組織に利益を与えることが高く評価される。シゴトにはもちろんクラブイベントに関わる仕事も含まれるが、最も重視されるのは人づきあいである。サークル活動に結びついたコミュニケーション活動全般をナゴム、親睦会をナゴミと呼ぶ。ナゴムことは、自分たちの集団に対してはサークルの規模の維持、つまり集客力（＝納金）の維持のため、他サークルに対しては集客やトラブル回避のため、ケツモチに対しては安全確保のため、客に対しては集客のため、と様々な形で必要不可欠なものとなる。

彼らはストリートの縄張りにたまりながら、談笑したりナンパをしたり、他サークルのメンバーと話したりして、ナゴムことを実践する。その共通認識から、サー人同士がセンター街や飲み会で会う時の挨拶は、「お疲れ様です」から始まる。ナゴム行動は、日常生活のあらゆるところで行われる。幹部が他のメンバーにこまめに電話をかけること、親睦会に参加すること、飲みに行くこと、遊びに出かけること。サークル関連のコミュニケーションはすべてナゴムこと＝シゴトと結びつけられる。ナゴムための作法は、サー人の先輩から後輩に教育される。客とのこまめな連絡の取り方や、他のメンバーの繋ぎとめ方など、多岐にわたる。特に、他サークルやケツモチとナゴム際には、一歩間違うと大きなもめごとに発展するので、細心の注意をもって礼儀作法の指導を受ける。敬語の使い方から名刺の受け渡し方法、乾杯では年上の人間には必ずグラスを下げることなど、細かい指導を受ける。実際に礼儀をわきまえない行動が、サークル間の大きなもめごとに発展することもある。

このように、一見遊びにしか見えない行動を彼らは行うが、それは楽しいばかりでなく、時間的・金銭的な負担も大きい。だがサークルと個人の評価を上げるためには、自分のプライベートの時間と金銭をサークルのために費やすことが求められる。このようなシゴトに対する率直な意見を、引退間際のメンバーは以下のように語る。

「ぶっちゃけ納金とかつらいから飛ぶとか言ってる奴とかとナゴんだりすんのって面倒くせーし、すげーイラつくじゃないですか、そういうわべの関係作りとかもう（引退して）頑張らないでいいと思うと、少しほっとするとこありますよね」

ナゴム仕事は一見遊びのように見えて、集団と自分自身が評価を得るための労働の側面を持つ。集団の幹部たちは、自分の時間や金銭をナゴムことに費やし、評価を得ていく。

シゴトと将来との結びつき

彼らはこのようなシゴトの経験が、将来の自分のキャリアにも結びつくととらえている。

「サークル界ってマジでダルイつきあい多いじゃないですか。楽しんでないわけじゃないんすけど、他サーのイベに行って、ナゴミも行って、上の人とのつきあいも多いんですよ。でも、俺はまだ社会人じゃないからわかんないんすけど、そうゆうマメさとか、人づきあいのうまさって、がんばった人は絶対に将来活きてくると思うんですよね」

「やっぱ人脈じゃないですかね。人脈は金で買えないけど金を産むって思ってます。イベサーって色んな人いるじゃないですか。バカな奴、頭良い奴、不良（暴力団員もしくは関係者のこと）になる奴、自分で会社立ち上げる奴……。シンヤさん（仮名）みたいに若くして大企業の社長やってるのって、人脈の力が大きいと思う。良い人脈とワル人脈の両方持ってれば、チャンスもあるし、この先いろいろヤバくなった時でも大丈夫だと思うんですよね」

ナゴミの場などで避けられない人づきあい、先輩サー人から教えられた礼儀やマナー、多くの人と接することで得た人脈、人間関係資本。こういった経験を若いうちから得ておくことが、いずれ社会に出た際に役に立つはずだと、サー人が考えていることがわかる。実際に彼らが、高いコミュニケーション・スキルを身につけている場合も多い。それはもちろん直接には円滑なサークル運営のために身につけているのだが、そういった近視眼的なものだけでなく、将来のキャリアにおけるひとつのスキルとして役立つとも考えている。

以上のように、彼らは勤勉に組織に対してコミュニケーションを中心とした労働を行っている。そして彼らはシゴトに根ざした生活、そのシゴトを通じて得られたものを、将来と結びつけてとらえている。すなわち、常に集団に対し勤勉に貢献するというプラティック、このシゴトを通じて得られたハビトゥス、身体化された特性としての文化資本、そこで得られた社会関係資本が、（彼らが想像する）将来の一般社会での成功に結びつくととらえている。とはいえこうした勤勉な態度は、他の環境でも身につけることができる。ではサークル界特有の経験の場合はどうか。以下では、「ツヨメ」「チャライ」「オラオラ」というサー人を象徴する価値観が、将来どのように役立つと考えられているかを見ていく。

4-2　脱社会性　ツヨメ

まず述べるのが、「ツヨメ」である。これは、一般社会の常識とされる行動・ファッション・発想の枠組みから脱した、脱社会性に結びつく価値観・行動である。極端に目立つファッションや行為など非常識的な発想と行動がツヨメとして評価される。

まずライフスタイルの面では、「場面」と呼ばれる場当たり的で非常識な生活が、ツヨメであると評価される。例えば徹夜で遊

び回る、何日も友人宅や異性の家を泊まり歩くこと。そして同時に高学歴であることや、学校に行くこと、サークルのシゴトなど、日々の生活はきちんとしながら、場当たり的な逸脱もできる者ほど、ツヨメとして評価される。

行動の面では3つの評価要素がある。1つ目はファッションの要素である。例えば日焼けサロンで焼いた黒い肌、明るい髪の色、露出の激しいド派手でカラフルな服装などが、ツヨメなファッションである。ヤマンバやマンバ、センターGUYなどと呼ばれるファッションもこれに属する。人がまだやっていない新奇なファッションをすることも含まれる。

第2の要素は、オワッツと呼ばれる要素である。これはお笑い芸人が行うような下品さや、メイクを落とさずに何日も生活するなど、汚さ要素を含んだものである。オワッツとは気持ち悪さや不潔な

感覚を相手に与えながら、かつ笑える行動を指す。男性なら、男たちが怪しい表情で、全身タイツのダンスを披露する。太ったメンバーが、海水パンツで全速力で走り回る。排泄物を食べる。男同士で互いの性器をくわえる、などがそれにあたる。

女性サー人も例外ではない。セクシーな要素がほとんどない自分のヌード写真をイベントのパンフレットに掲載したり、センター街や海を裸で走ったり、といったものである。ある、大臣となった国会議員の娘のサー人は、イベントの打ち上げの際多くの人間が見ている前で、ウォッカを陰毛に振りかけ、着火させていた。彼女の場合は行動の非常識さと同時に、大臣の娘にふさわしくない非常識さがツヨメと評価されるわけである。

第３の要素は、ヤケと呼ばれる要素である。「ヤケ」とは、身体的、社会的危険性を伴う脱社会的な行動、露出行為などのことである。例えば「雪の中、全裸で踊る」「海水を飲む」「木に止まっているセミを食べる」といった、文字通り「自棄」としか思えない行動を指す。かつては、社会的に問題になっていた新興宗教団体の本部に、上半身裸でその宗教団体の標語を叫びながら、ボクシング・グローブで壁を叩いた者もいた。

ただし、このようなヤケな行動は、周囲に不快感や迷惑をかけるかもしれないが、逮捕のリスクは自覚的に避けてもいる。また、ライフスタイルにおいても単に自堕落なのではなく、そうしたライフスタイルを送りながらも学校の成績がよい、高偏差値の学校に通っているといったバランスを保つことも重視される。

ツヨメと将来との結びつき

ツヨメな行動は、脱社会的な行動に見えるが、彼らはこれをキャリアと結びつけてもいる。イベサーにはＯＢの武勇伝がよく広がっており、散々酒を飲んで女性と性行為をした直後にも受験勉強をしていたＯＢが公認会計士になった話や、サー人時代からの常識外れな行動力を見込まれて大手広告代理店に就職したＯＢの話などは、よく憧れとして話題に上る。また一般経済社会に出た後も、接待で過剰に酒を飲み、不規則な激務の生活を送る先輩の話が話題にあがる。先輩たちが一般経済社会で活躍するのを聞いて憧れる者も多い。また目立つことや新奇性への着目が、社会での成功に結びつくととらえる者も多い。

「サー人って目立ちたがり屋が多いですけど、やっぱり世の中も目立たなきゃチャンスがないと思うんですよ。人と違う形で自分の色を出して、初めてチャンスになる。しかも『自分が目立つ、仕事のチャンスが来る、また目立つ、仕事のチャンスがまた来る…』っていう感じで、仕事や良い機会を手に入れるために、（目立つことが）つながってると思います」

「渋谷って流行の発信地だし、そこでイケてる奴らと関わることで、世の中で何が流行っているのか、何がウケるのかっていうのがわかってくると思うんです。そういう敏感なセンスって、単に雑誌とかを見てるだけじゃ身につけられないんですよね。ITなんかで成功した人もそうじゃないですか。（イベサーにいると）そういう〝力〟みたいなのが研ぎ澄まされると思うんすよ」

以上述べたようにツヨメであることは、脱社会的ということである。一見自暴自棄に見えるライフスタイルを送ること。まだ誰もしていないようなストリート発信の最先端の流行を追いかけること。ガングロ、ド派手なファッションをすること。お笑い芸人ばりの「あり得ない」バカな行動やヤケな行動、これらは一見ただの悪ふざけにしか見えない。だが、当事者たちはそういうアクションを考えつく発想力や、実際にやってみせる行動力こそが、何より重要であるととらえている。目立つことが周囲へのアピールとなり、新しいものに気がつく、注目を集めるような行動をとれること、そうしたハビトゥス・文化資本を身につけることが、将来社会的な成功をつかむことに結びつくと認識しているのである。

４-３　性愛の利用　チャライ

次に、性的逸脱に結びつく「チャライ」という価値観・行動である。この価値観は、異性との性体験の多さ、異性との交遊の上手さなどを指す。また、早い時期に奔放な性体験を経験して落ち着くこと、異性愛におぼれず、異性関係のトラブルをうまく避けつつ、異性をうまく利用できることが評価される。

彼らがイベントにより多くのクールな若者を呼ぶためには、街中やＳＮＳで異性に声をかける必要がある。男性はＯＢが経営する水商売や風俗、アダルトビデオなどのスカウト会社で働くことも多く、女性は派手な外見で短時間で給料を稼ぐため、キャバクラなど水商売のホステスとして働くことが多い。そのため彼らと異性愛は切り離しにくくなっている。またイベサーにおいては性欲や美意識からだけでなく、サークル活動上のトラブルを避けるためにも、早めに性的に奔放な時期を通過しておくことが求められる。そのうえで、集団のために禁欲的であること、もしくは異性愛を利用して異性をうまくコントロールし、集客・庇護・利益誘導など、集団や自分に利益を誘導できる人間が高く評価されてきた。

具体例を見てみよう。チャライという価値観はサークル名にも見ることができ、特に年若い高校生のサークルに顕著である。筆者の手元にある合同イベントのパンフレットでは、「ＩｎＯｕｔ」「ＧＩＧＯＬＯ（ジゴロ）」「ＦＲＥＥＤＯＭ　ＬＯＶＥＲＳ」「ＨＩＰＳＨＡＫＥ」「にっぷる」「破廉恥男塾」「ティンコーベル」などのサークル名が確認できる。性的な名前を冠することで、自分たちのサークルがチャライことをアピールしている。パンフレットには性的に奔放であり、多くの人間とセックス経験があることのランキングやチャラさの度合いなどを示したページもある。合同イベントのパンフレットの写真にも、こうしたチャライ行為を表したものが多い。あるパンフレットは、実行委員の女性スタッフは全員水着か上半身下着の写真を掲載している。サークルによっては、裸の上にエプロンだけをまとった写真もある。

このような激しい露出の写真を載せるサークルは、メンバーの年齢が若い場合が多い。早いうちからチャライ行為を経験しておく方が、より評価されるからである。実際、年の若いメンバーたちは、性交渉した相手の人数や、今月何人と新たに性交渉したかを競いあうこともある。だが、そういう性的奔放期をいつまでも長引かせるのではなく、早い時期に済ませ、早めに落ち着くのがよいとされ、落ち着いた後は「裏チャラ」と呼ばれる「表面的にはチャラくないが、異性をうまくコントロールできる」人間が理想とされる。

このように早目に落ち着くことは、単なる個人の美意識の問題だけでなく、サークルの利害にも結びついている。異性愛の逸脱行為を、サークルと直結しない場面で行うことは批判されないが、イベントに来る一般客や他サークルのメンバーと関係を持つことは、場合によっては批判の対象にもなりうる。サークル活動に支障をきたし、トラブルに発展する可能性もあるからである。また親しいサークル関係者を性交渉の相手とすることは、異性を捕まえる力が弱い人間、節度のない人間と見なされてしまう。そのため年齢が上がったサー人や幹部クラスのサー人は、そうした問題を避けるため自分の恋愛感情や性欲より、サークルや自分の立場を優先して禁欲的にふるまう人間が多い。このように性的に奔放であった時期や能力を持ちながらも、禁欲的にサークルに貢献する人間は高く評価される。

チャラさの活用も同様である。多くの人間と性交渉をもつことから、自分に好意を持った異性を介して、多くの客をイベントに引っぱってきてもらう。女性の場合は有名サー人やケツモチと親交を深め、トラブルにならないよう庇護を受けたり、イベントの協賛をもらったり、高い役職に選出してもらうなどする。こうして彼ら・彼女らは、不特定多数と性的関係をもつ段階から、異性愛をうまくコントロールして利益を得る方向へと移行する。

チャライと将来との結びつき

このチャライという能力は、どのようにキャリアに結びつくと考えられているのか。これは男女の間で認識の差があるようだ。まずは女性サー人の言葉を紹介する。

「サークルやってると、アッチ系（暴力団関係）とか上の人とかのつきあい多いし、エグイこともある。そこをうまくかわしながら、しかも嫌われないように接する能力を身につけていくんですよね。男たちの動かし方もそう。上手く引っぱってイベにも呼ぶんだけど、『ウタせません・遊びません』みたいな（笑）。こういう力って普通じゃなかなか身につけらんないし、将来自分のショップ（洋服屋や雑貨屋など）とか出したい時にも強いと思う」

彼女はサークル代表のシゴトを通じて、多くの男性サー人とつきあいがあった。中には性的な関係（「エグイこと」）を要求してきた暴力団関係者やＯＢもいたようだが、そういう男性たちを上手にあしらいながら、自分の利益を確保する。そのコミュニケーション能力が、将来も有利に働くと考えている。それをリスクヘッジのスキルとするだけでなく、うまく利用することで成功に結びつけようとするメンバーもいる。

「サー人ってプリ（クラ）とか写メ（ール）の盛り方うまい気がする。髪とか化粧とかもそうだし、なんか盛っている女の方が得すること多くない？なんだかんだ盛ってなんぼだと思うし、昔遊んでた方がいろいろ最終的にいい女になれると思う。」

「色々みてきたけど、結局、世の中一番金に結びつくのは人の色恋だと思う。男なんて皆大なり小なり下心あるんだから、色気使っても体使っても、オンナを上手く利用したもの勝ちでしょ」

これらの発言からは、美しく自分をプロデュースし、男性たちを上手にあしらいながら、自分の利益を確保する、そういう異性愛をうまく活用する文化資本が、将来も有利に働くと考えていることがわかる。では男性はどのような価値観をもつのか。

「クラブとかで、中途半端に遅咲きした社会人とか見ると、本当にイタイなーって思うんですよ。こんな年齢で女に溺れて、時間無駄にしてるなって。チャライことしてきた人間って、基本的に早めに落ち着くじゃないですか。資格を取ったり、仕事にプラスになるような人脈作ったりすることに時間使うと思うんですよ。女と遊ぶにしても、そこからうまくビジネス関係のパイプを作ったりできる。女性関係に流されないし、遊び方もキレイな感じですよね」

この発言のポイントは、チャライ経験を若いうちにしておくことで、「遊び」に対する耐性ができるということだ。前述した暴走族の研究を行った佐藤郁哉は、ヤンキー文化の言説にもよく表れるこの考え方、すなわち不道徳なライフスタイルを若い頃に経験することで将来道徳的なライフスタイルを送り、リスクを回避できるという考え方を、「免疫理論」と呼ぶ。

彼らは、本来なら仕事に打ち込むべき年代で女遊びを覚えたサラリーマンや、キャリアを無駄にするサラリーマンを、「マジでみっともない」と思っている。遊ぶのは若いうち、できるだけ早く落ち着いて、働き盛りの年齢では仕事に打ち込むのが理想と考えている。

一方で彼らは自分の理想とは別に、成功者の姿を以下のようにとらえ、異性を的確にビジネスに用いる自分の姿を描いてもいる。

「社長とか金持ちって女好きが多いじゃないですか、うまく女扱えたらヘマとかしないし、女をうまく紹介とかできれば仕事もうまく回せると思うんですよ」

チャライ能力をもつことは、遊びにはまらないリスクヘッジの能力と同時に、異性をうまく利用し自分の利益に結びつける力になるととらえ、実際に経済的な利得も得られる文化資本として認識していることがわかる。

すなわち、本研究の対象者たちはチャライ経験を通じて、たしかに免疫的な効果を期待しているものの、その不道徳な経験をうまく活用してビジネス上の利益に結びつけようともしている。キャサリン・ハキム（2012）はブルデューの理論を援用し、美しさ・セックスアピール・快活さ・着こなしのセンス・人を引きつける魅力・社交スキル・性的能力などが組み合わさった、外見の魅力と対人的な魅力を総合したものとして**エロティック・キャピタル**の概念を提唱し、これが資本として機能すると述べている。サー人にとっても、異性愛を扱う文化資本は、佐藤の述べる免疫的な効果とハキムが述べる利益の獲得効果の両方を含んだ資本としてとらえることができる。

４-４　反社会性　オラオラ

最後に述べるのが、反社会性に結びつく「オラオラ」という価値観である。オラオラは、ギャル・ギャル男系雑誌などでは悪羅悪羅と表現され、男性の場合は悪羅悪羅系、女性の場合は悪羅ギャルと呼ばれる。この価値観は見た目が威圧的であること、また違法行為の知識やグレーな人脈、逮捕などの危険性を避けたグレーな行為、経歴を傷つけない範囲の行為なども指す。先述したツヨメが脱社会的な価値観であるのに対し、オラオラは反社会的な価値観といってよい。渋谷などの繁華街で活動するギャル・ギャル男にとって、オラオラな人物はトラブル対処ができる、法に触れない範囲で金銭を稼ぐすべを知っているなどの点から評価される。

では、どのようなものがオラオラと評価されるのか。暴力団関係者やその情婦のように、周囲の人間に威圧感を与えるファッションをしたり、そういう言葉遣いや態度、雰囲気を醸し出し、悪さや危険さを周囲に示すことが重要となる。また暴力団関係者など、他のケツモチに畏怖を持たせるケツモチを付けていることや、そのような人間との繋がり、すなわち人間関係資本を持っていることも、サー人にとって自分の威信を高めることになる。

時代の経過とともに数を減らしたものの、サークルOBの関わる闇金融等の仕事に従事するものも多く、法律に抵触するスレスレの仕事や、違法であるが逮捕のリスクが少ない仕事をしている人間が多い。このような仕事をすることもオラオラとして評価の基準となり、中にはサー人時代に行ったオラオラな仕事を通じて経済資本を得て、ベンチャー企業を起業する者もおり、一つのロールモデルにもなっている。

だが、彼らの中で実際に暴力をふるう人間は非常に少なく、サー人同士のトラブルにおいて暴力が行使されることはあまりない。メンバー同士のもめごとのよくあるパターンを紹介すると、当事者同士がお互いに相手を挑発し、威嚇し合いながらも、実際には殴る・蹴るといった暴力行為を仕掛けることはなく、数十秒間睨み合いの状況が続く。自分が相手より優位な立場にいることを言葉や身ぶりで示すだけで、どちらも本当の殴り合いに発展させる気はない。あくまで自分の強さを周囲に誇示するのが目的なのである。彼らはケンカをしているのではなく、ケンカをしているように見せる、もしくは自分はケンカが強いと周囲に誇示している。すなわち象徴資本としての悪徳資本を誇示しているのである。

実際に暴力沙汰を起こすと、その処理に当たるケツモチに借りを作り、後から様々な不利益を被る可能性もある。警察沙汰になれば、社会的な経歴にも傷がつく。そのため基本的にはサー人同士で、暴力沙汰を避ける傾向がある。実際にもめごとが殴り合いに発展した時、警察が来ても「身内の問題ですから」と、介入を避けるコツも伝授されている。

このようにオラオラの価値観には、あくまで逮捕のリスク、それに伴う将来のリスクを避けることも含まれる。中には傷害事件、詐欺、違法薬物関係の事件で逮捕される者がいるが、ごくまれである。彼らにとっては逮捕されない範囲で反社会性のある行動をすることが重要なため、法律の抜け穴、トラブルを利用して合法的に金銭を得る方法や、違法性のない脅し文句を知っている人間、逮捕のリスクを避けた悪さを利用することが、彼らの間では最も威信を高めることになる。

オラオラと将来との結びつき

逮捕されない範囲で反社会性のある行為「オラオラ」は、キャリアとどう結びつくか。

「成功すればするほど、裏の世界っていうか、ワルっぽい人たちとの関係って避けらんないと思うし、そういう力も知識も必要だと思うんですよ。どこでも悪どい連中にいいようにコキ使われたり、裏切られて、事業とか失敗することとありますよね。イベサーってその縮図みたいなところがあるじゃないですか。ケツモチとうまくやんないとサークル維持できないけど、かといって何でもハイハイ言ってるとまずいことになったり……。それに、こういう悪い連中と渡り合うのって、若いうちにやっておかないと取り返しつかないじゃないですか。四十、五十歳になって『カタはめられました（詐欺などに引っかかる）』じゃ笑えないっすよね」

「カズさんとかヤスさん（ともに仮名）とかと一緒にいると仕事だけじゃなくて、どうしょうもねえ奴まとめたりとか、アブナイ橋をうまく渡って、それでちゃんと成功してる。そーいうのって単に遊んでるだけじゃ見れないと思うんですよね。多少ワルなことも知ってる人間の方がビッグになれるっていうか。そういうことも、まっとうな学歴とか両方とも俺も持ちたいし。それにやっぱその方がカッコイイじゃないですか」

犯罪と親近性のある人間とのつきあい、すなわち人間関係資本を得ることや、法律のボーダーラインを知ることで将来の自らのリスクを最小化し、自らも多少のワルさを用いることで、より出世できるととらえている。ユース・サブカルチャーズにおける自らの威信を高めるだけでなく、それをある種のキャリアととらえ、将来有効に活用できるととらえている。現在の活動によるオラオラのキャリアを、文化資本や象徴資本として将来生かしていこうと考えている。その将来の目指す姿は、オラオラな仕事で得たスタートアップ資金で合法的ベンチャー企業を起こす者や、カズやヤスというＯＢのように一般経済社会で成功している人間をモデルとする。アウトサイダー的世界やサブカルチャー産業以外での成功にも、そうしたキャリアが生かせることを見込んでいる。

5　ギャル・ギャル男トライブの意味づけ

5-1　もうひとつの学校

ここまで、サー人の行動原理と価値観について詳しく見てきた。奇抜なファッションや行動をとる彼らだが、そこで得た資本が将来の一般経済社会を含めた世界で役立つと認識していることがわかった。では最後に、彼らがイベサーと自分たちの行動を、どのようにとらえているのかをまとめて分析しておきたい。

彼らサー人は、イベサーを「もうひとつの学校」としてとらえている。「社会全体で見たら小さい社会かもしれないけど、イベサー業界っていうのは、それはそれで一つの社会」「若いうちしかできない貴重な経験ができる学校」これらの発言は、イベサーを一つの学校や社会勉強の場ととらえている。

とはいえ、彼らは一般的な学校や学歴を軽視しているわけでなく、そうした要素を常に重視している。東京六大学中心でメンバーを集める集団もあれば、有名私立女子大学などハイレベル校、ブランド校に通っていることはステータスとして通用し、また昇進の条件としても一定以上の大学に通っていることが信用につながり、昇進しやすい。イベサーには社会と異なるルールがあるとみなされがちだが、実はサークル界内でも一般的な経歴はある程度通用していて、この界があくまで相対的な自律にとどまることを表している。

また彼らの大半は、最終的にはアウトサイダーとして生きるわけでもなく、またサブカルチャー産業に進むよりも一般経済社会で成功を収めようとしているので、学歴は非常に重視されている。つまり彼らは、学歴という一般社会で制度化された文化資本と同時に、サークル界で得られるタフなコミュニケーション能力や悪徳の経験と結びついた身体化された文化資本も求めている。学歴資本とユース・サブカルチャーズを通じて得られる、ちがうタイプの相互補完的な資本の両面を持つことが、この集団の若者から見られる特徴といえるだろう。

5-2　ギャップと成り上がり

彼らは悪徳とされるような価値観を肯定的に評価するが、ただ単に悪徳を持つだけでなく、オフィシャルな経歴を含めればその逆の要素も合わせ持ち、両極の振れ幅は通常より大きい。彼らはこの幅の広さを「ギャップ」と呼び、肯定的に評価する。例えば見た目は派手で威圧的だが、優しく礼儀正しいといった他者への印象戦略もその一つである。そして彼らは、チャライ・オラオラ・ツヨメといった悪徳的なイベサーの活動・能力をもちながら、高い学歴をも持っている。悪徳的な文化資本と合わせて、オフィシャルに評価される文化資本も兼ね備えているという幅の広さである。彼らはこの両方の資本を持つことにより、学歴資本のみを持つ人間とは別種の能力も持ち合わせ、将来一般経済社会でより成功できそうだという展望をもつ。さらに彼らはイベサーに参加することで、悪徳的な文化資本に加え、他では得がたい社会関係資本、時には経済資本も獲得していく。

またイベサーに参加することで、ＯＢのように「かつてはアウトサイダーだったが、現在は一般経済社会で成功している」といった過去と未来とのギャップがある人間になれるという展望を持っている。すなわち彼らは、過去アウトサイダーであった状態から成り上がり、将来的に一般経済社会で成功するというドラマ性を持った人生を先取りし、かっこいいととらえ、それがセルフプロデュースに結びつくととらえている。アウトサイダーであった経歴も一種のカリスマ性となり、それが象徴資本として将来生かせるであろうことを先取りしている。

6　悪徳を資本としてとらえる若者たち

以上、イベサーの活動と価値観について、エスノグラフィックな記述を行ってきた。本章で研究対象としたユース・サブカルチャーズのメンバーたちは、集団のため勤勉に人づきあいを行う、異性愛を利用する、逮捕されない範囲で反社会的行動をとる、煽情的な方法で注目を集め脱社会的な行動をとるなど、勤勉さと悪徳を併せ持った価値観を抱き、それに根ざした活動を行う。彼らはその勤勉さと悪徳を併せ持ったキャリアを、ある種の文化資本としてとらえ、学歴等のオフィシャルな文化資本と両面の幅広い文化資本を兼備することが、将来の社会的成功にも役立つと信じている。そしてそのような幅広い資本をもつことで、アウトサイダーであった立場から一般経済社会の中心で成功者に成り上がるという、過去と未来の幅の広さを体現するドラマチックな物語性、それに伴うカリスマ性、すなわち象徴資本を手にしていく自己実現像をもつことが明らかになった。

すなわちストリートを中心に行われる活動は、彼らの勤勉さと悪徳を併せ持った資本に結びつく、イベサーという「もうひとつの学校」における彼らなりの学習でもあった。また、彼らがユース・サブカルチャーズを通して文化資本や象徴資本のみならず、経済資本や社会関係資本といった将来の社会的成功に結びつく資本も獲得していくことがわかった。

少なくとも当事者の若者の社会観・価値観の上では、彼らは従来の先行研究に見られた、「消極的、享楽的、社会的自己実現への欲求が低い」といった若者像とはかけ離れた面がある。また社会に反抗するより、社会的自己実現への「資本」を求めて積極的に活動する、社会に適応する若者像が浮かび上がってきた。これは、ギャル・ギャル男を含む都市のユース・サブカルチャーズに関し、90年代以降語られてきた姿を一新するものである。

本論では、サラ・ソーントンがサブカルチャー資本として挙げたサブカルチャーに関わる知識量やクールさなどの文化資本とはまた異なる側面として、勤勉な人づきあい、反社会性、性愛の利用、脱社会性に結びつくような文化資本を列挙し、説明してきた。そして、これらの文化資本が、サブカルチャー内部での現役メンバーのポジションにも影響してくることや、将来の社会的成功へのビジョンに結びつけられていることも明らかになった。

ちなみにソーントンは、主に文化資本の側面でサブカルチャー資本の概念を提唱したが、文化資本に加えて、ユース・サブカルチャーを通じて得られる社会関係資本、経済資本、象徴資本といった他の資本も、集団内のポジションのみならず、将来の経済的・社会的成功のビジョンと結びつけられていることもわかった。サブカルチャー資本概念は文化資本だけに限定せず、より拡げて使ったほうがよいというのも、私が本フィールドから得られた知見である。

ブルデューの理論を用いたサブカルチャー研究では、ウィリスの研究（1979）では労働者階級の若者が労働者の世界にて、ソーントンの研究（1995）ではサブカルチャーのメンバーがサブカルチャー産業にて、それぞれ経済的な収入を得るために文化資本を生かしていくという知見は見られた。だが本研究のように、サブカルチャーと直接つながらない一般経済社会にまで、サブカルチャーで獲得した資本が投入されるという知見は見当たらない。この知見は、サブカルチャー内部での上昇に役立つ、勤勉な人づきあいや禁欲性などに加え、悪徳的な側面の資本、すなわち悪徳資本が、一般経済社会でも資本として通用していく可能性、そしてサブカルチャー内部で称揚される悪徳性が一般社会とも結びついている可能性を指し示しているのではないだろうか。（→6章）

付記　本章は荒井悠介、2009『ギャルとギャル男の文化人類学』新潮社、の一部をその後新たに得た理論的な枠組みを軸に再検討、加筆、修正したものである。より詳細はそちらも合わせて参照願いたい。

第4章　母乳育児からグローバルが見える――多国籍フードビジネスと医療支配

永山　聡子

1　母乳育児がなぜグローバルな問題なのか

本章は「母乳育児」に関する歴史と現状から、グローバルに広がる多国籍フードビジネスと医療支配の諸問題にアプローチしていく。グローバル化については多面的な角度からの接近が可能だが、筆者はなぜ母乳育児を対象とするか、まずはそこから説明を始める。

1-1　個人的な行為から社会的な行為へ
自分が置かれているポジションから見えるもの

本研究を行う動機は第一に、筆者が女性という社会的に構築された存在であり、生物学的にも女性であるからだ。もちろん女性であることだけに留まるのは、必ずしもいいとは言えないだろう。しかしそこに留まって、立ち止まって考えることは、社会学的にとても重要なことである。つまり自分が今いるポジションから見えるものを、その立場から自覚的に記述する作業である。このことについては多くの社会学者が考えてきた。今回は私が取り組んできたテーマについて少しご紹介しよう。

「母乳」と聞いたとき、皆さんはどのような印象を抱くだろうか。おそらく〝女性の問題〟として考える人が多いのではないだろうか。〝男性には関係ないや〟〝なんでこんなことを知らなくてはいけないのか?〟と思うのではないか。筆者自身もそのような視点で「母乳」を見てきた。しかし、調査・研究していくにつれて、「これは男女に関わらず、人間の問題なのではないか」と思うようになった。社会学は、100年単位でものを見てきた学問だが、母乳育児に至っては、100万年単位で考えるべき問題だと言える。人間が生物である限り関わってくる問題だからである。もちろん、生物学的「性」と社会学的「性」のはざまを行き来する必要があり、これこそ母乳育児が持つ「困難さ」でもある。

ジェンダー研究の中でも困難な問題群と向き合う

母乳育児を含め妊娠・出産・子育ては、ジェンダー研究の中でも最も困難な問題群の一つと言える。それはいま述べたように、生物学的「性」と社会学的「性」を揺れ動く問題だからである。もう一つ大事なのは、「女性／男性」という形で明示された二項対立を前提として、社会的に構築されてきた側面を明らかにすること、それによって「何が隠され」「何が正統」とされ「何が規範」とされるのかを、事例をもとに考えていくことである。その際、現実の人々は様々な価値観を内面化しながら生きていることを理解し尊重しながらも、日々のジェンダーをめぐる何気ない経験のなかで生じる問題と向き合っていくことも大事だろう。

1-2　方法論——グローバルな秩序と医療界から母乳育児を見る

本章ではグローバル化する社会の中で母乳育児がどう扱われてきたのかを、多国籍企業の戦略や医療界の事情とも関連づけてとらえる。図4-1のグラフからわかるように、旧共産圏の母乳育児率が高くなっている。またもう1つ高いグループとして「福祉国家」、あるいはかつてそう呼ばれた国々が目立つ。これは何を意味しているか?ここからだけ言うのは限界があるが、言えることもある。それは、母乳

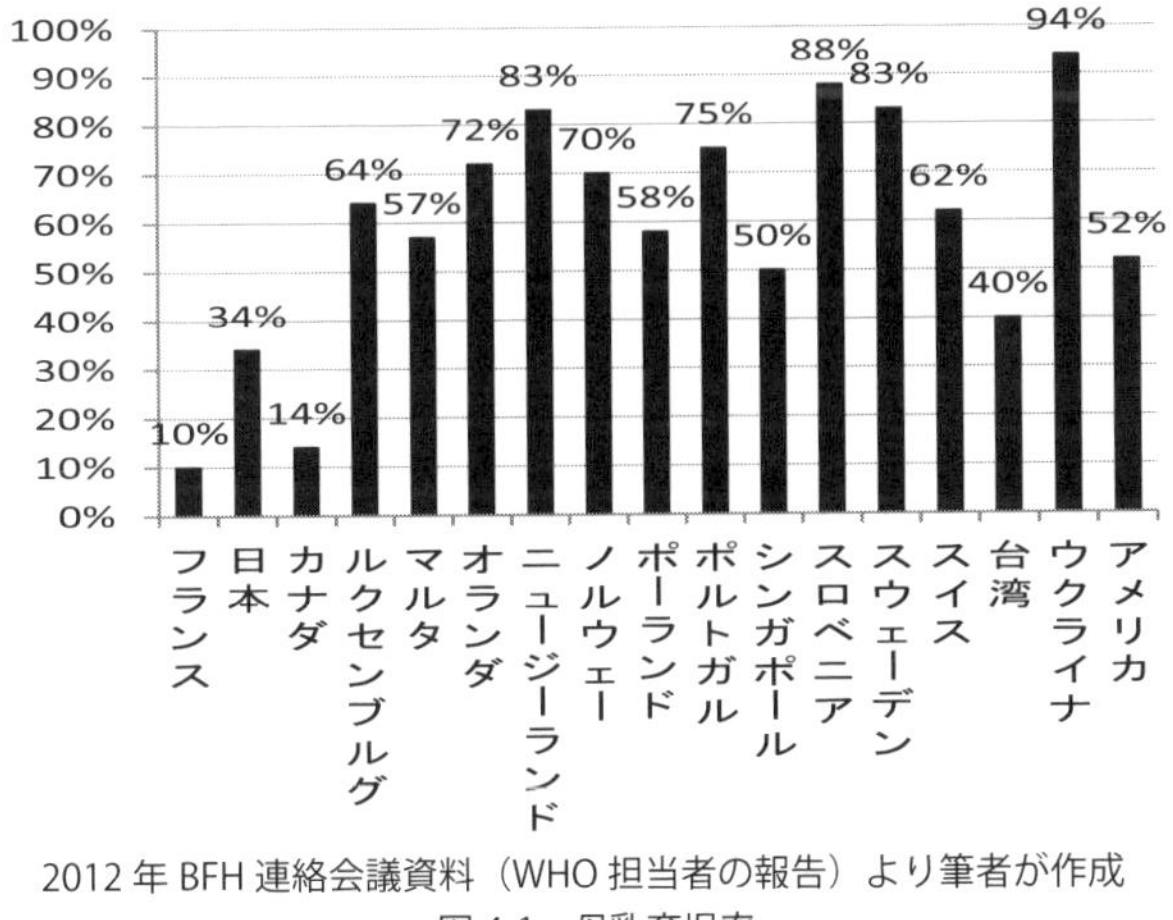

2012年BFH連絡会議資料（WHO担当者の報告）より筆者が作成

図4-1　母乳育児率

育児という個人的に行う行為が、社会的な制度に大きく影響されている可能性だ。母乳育児を社会学で問うことの意義はここにある。次に、いままで母乳育児はどう研究されてきたか、確認してみよう。

伝統社会における母乳育児・母乳栄養

母乳は、伝統的に母親があげていたとは言い切れない。これについては人類学的な研究もある（ボームスラグ他 1999）。なぜ母親があげないことが普通だったのか。妊娠・出産という営みは、命と直結している。日本でも妊娠・出産をすることは、例外なく命がけであった。母親が出産後に死んでしまうことも少なからずあり、産んだ子どもに母乳をあげられるとは限らなかった。「乳母を頼む」、「母乳をもらう」、「買う」などして、共同体の内部で〝乳〟を融通し合うのがむしろ一般的だったのである。

もうひとつ、これと連動しているが、貧しい階層を中心に、母乳に代わって多様な栄養が試みられてもいた。日本でも、戦後すぐ生まれの方に「どのような栄養で育ったか」と聞くと、「米のとぎ汁で育った」「お茶を飲まされた」など、粉ミルクではなく他のものを母乳代わりにした時代がある。代替栄養として、日本では米や小麦、大麦など穀物の粉を用いることが多く、胃腸障害などで命を落とすケースも後をたたなかった（村田・伏見 2016）。

産業化がもたらした変化

産業革命をなしとげた英国では、19世紀半ばより代替栄養の開発が進行した。１９２０年代には、乳児用粉ミルクが広く一般的に受容された。日本では、明治・大正年間を通じて各地で試験的に製造が試みられたが、規模は小さく、品質面での課題も多かったと言われている。（林 2010）１９５０年代以降、技術革新が進み、国内で安定的な生産・供給体制が整うのに伴い、母乳のみで育てられる子どもの割合は急激に低下している。

図４‐２は乳児栄養法の推移である。まず注意してもらいたいのは、この統計の取り方である。実はこの数字は、すべて母親の

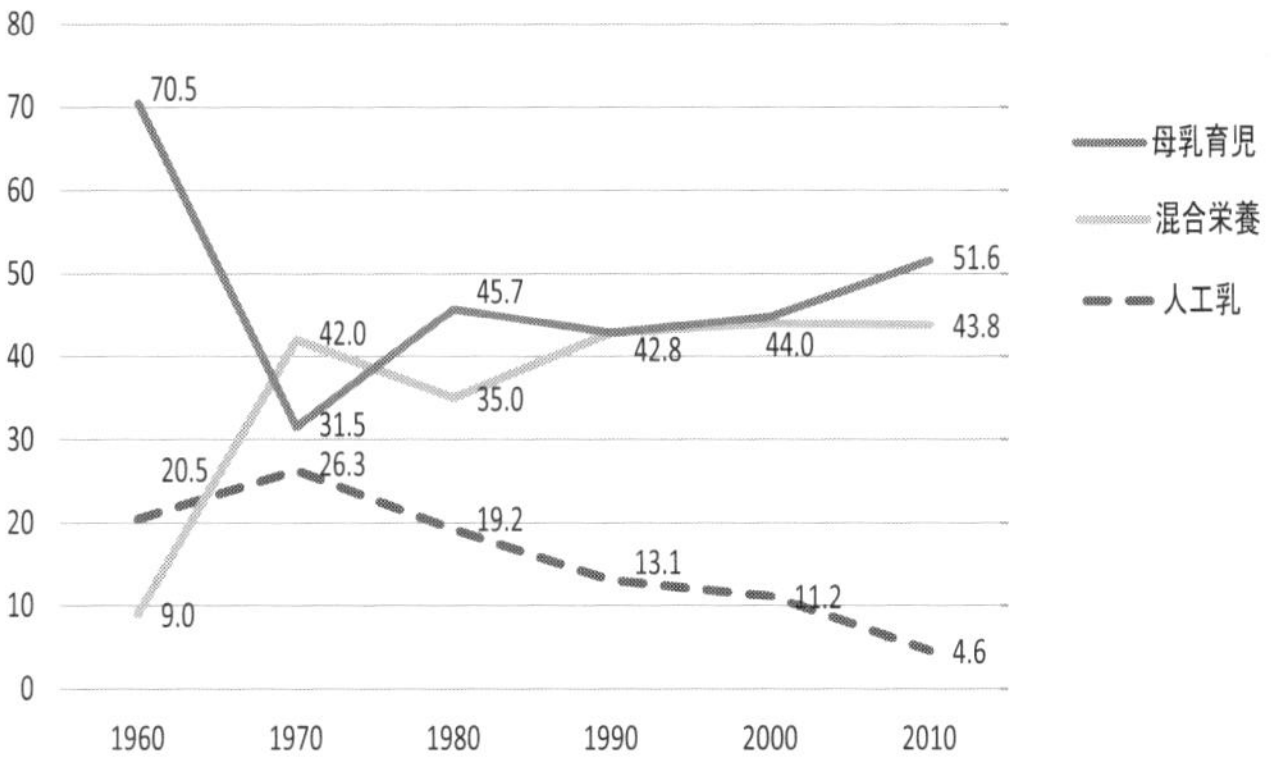

出典：「厚生労働省乳幼児調査」より筆者が作成
図 4-2　生後１か月の乳児栄養法の推移

口頭での回答から出されている。統計の取り方からわかるように、母乳育児の実態を科学的に証明することは大変なことである。ただし人工乳については販売データがあるので、おおむね事実に近いと言える。また注目するべきは、こういう統計を厚生労働省が取っていることだ。つまり、政府が統計を取るべきものとして位置づけるくらい、社会的課題としてきたことがわかる。

女性たちは子をどう育てたいのか?

実際の栄養を確認して、次にみておくべきことは、実際の女性たちの「思い」だろう。授乳する女性たちはどのように子どもを育てたいと思っているのか?アンケート結果を見てみよう。(図４-３)

図４-２と図４-３では調査の時期にズレがあるため、単純な比較や厳密な議論はできないが、大まかな考察は可能である。すなわち図４-３によれば、ほとんどの女性が、母乳育児で子どもを育てたいと思っている。(これは独身女性・既婚者で子どもがいない女性に聞いている。)多くの女性たちは母乳育児で育てたいと思っているが、図４-２のように、実際にはその願いが叶っていない。少なくない数の女性たちはその願いが叶わず、母乳育児を断念していると言えるだろう。

筆者は「なぜ?母乳で育てたい女性が多いのに、どうしてなかなか叶わないのだろうか。」と疑問を抱いた。しかし調べていくうちに、自分の努力・能力ではどうにもならないことがあることを知る。そして、それは規範・意識・慣習などの問題以外にも、何か要因があるのではないか、という仮説を立てた。そこで見つかった問題群が、「グローバルに広がるフードビジネスと母乳育児」

であった。

「母乳で育てる」という、一見ささいで個人的な行為にあっても、社会的なことがすごく影響してくる。女性が子どもを持つこと、子どもを育てること、家族をつくることもそうである。ジェンダー・フェミニズム研究ではよく言われることだが、「個人的なことは政治的・社会的なことである」。私はこの言葉をいつも念頭に置きながら、母乳育児をそうしたなかに位置づけて、研究を進めている。

子育てという行為は、個人的な行為とされているが、本当にそうか？そうでないとしたら、どういうことなのか。そして、子育てがもし社会的なことだとするなら、その「社会的なこと」とはどういうことなのか、その具体的なものは何かを考えた。行き着いた結果、「母乳で育てることは前近代的で、人工乳で育てることは文明的である」とされてきた社会認識の枠組み、文化的な枠組みが形成されてきた経緯を発見した。しかし、それは時代によって、価値観が逆転することもある。こうしたことはどうやって「構築」されてきたのか、そこに注目することにした。

調べていくうちに、その一つに新自由主義的な展開を広げている、先進工業国が推し進める巨大企業の利益システムがあることがわかった。単純に「粉ミルクで育てたい」「母乳で育てたい」といった人々のニーズの強さだけで、動向・推移をとらえることはできない、という認識に至った。

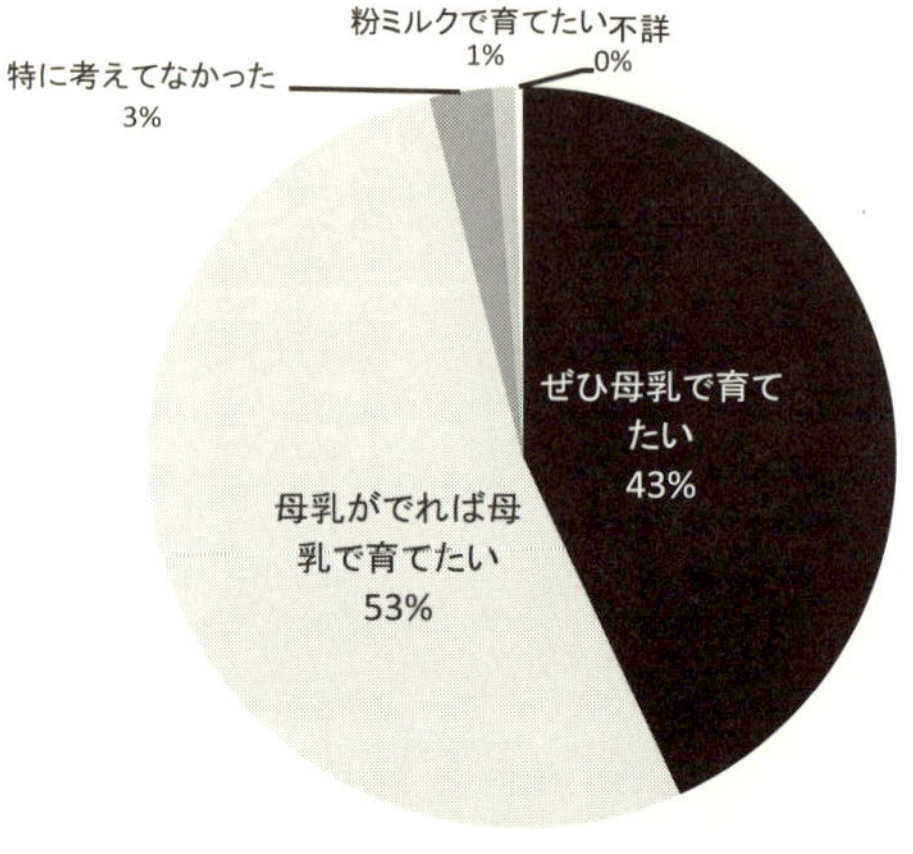

厚生労働省「平成２７年度乳児栄養調査」より

図 4-3　母乳育児に関する妊娠中の考え

2　粉ミルクをめぐる多国籍フードビジネスと医療支配

本節では、母乳育児の社会的諸問題を明らかにするために、母乳をあげにくくする環境がいかに形成されてきたかをみていく。その中でも大きな要因は、粉ミルクの普及だった。そこでまず、「粉ミルク販売戦略」を見ていく。それらを見ていくと、グローバル化する販売戦略の中に例外なく存在する粉ミルク会社と、その活動の場であり担い手としての医療従事者との関係が見えてくる。

2-1　多国籍フードビジネスのカモフラージュ展開

以下では多国籍化した食品会社が粉ミルクを販売する際、どのような戦略を行ってきたか、またそれによってどのような社会規範や認識が登場してきたのかを見ていく。

空間の占領——新生児室の誕生

粉ミルク販売戦略のひとつとして、母乳育児をやりにくくする環境の整備に、粉ミルク会社と医療従事者が関与していた一例は、新生児室が設けられたことである。新生児室というものができたことで、出産後の母子の関係性は大きく変化した。実はその背後には、粉ミルク会社の販売戦略があった。

世界中で約100年前までは、自宅での出産が自然なことだった。とりわけ日本では、病院での出産が自宅出産を上回ったのは、1975年以降のことにすぎない。以後、どのような変化が起きたのだろうか。

それまで多くの出産後の母子は、同じふとん、同じ部屋などの「同空間」ですごしていた。しかし、病院（施設）での出産が広がると、出産後の母子はそれぞれ、母は病室、子は新生児室で、離れ離れとなってすごす。これは母子別室と呼ばれ、周産期医療の代名詞となり、当たり前の風景となった。

母子別室化の背景には諸説あるが、母子同室は〃非衛生的である〃とした近代公衆衛生観と、粉ミルクを売る食品企業の医療従事者への働きかけの影響を指摘できる。また医療従事者からすれば、母子を管理しやすい面もあった。以下では特に、粉ミルク会社による医療従事者への働きかけを見てみよう。

その前に、この母子が離れている空間と母乳育児には、どのような関係があるのか？産後の母子の密着度と母乳分泌の間には、連関する生理的メカニズムがあるとの知見も出ている。一般に、母乳が出るメカニズムは、母親が子といることで促進されると言われている。そのため母乳が出るためには、母子が物理的に同室にいる必要があることになる[注1]。逆に言えば、母乳を出さないようにするには、このメカニズムを断ち切ればいいことになる。出産後、母子を別々の場所に寝かせる＝母子別室化すれば、著しく母乳の分泌が悪くなる。そうなると、どうしても粉ミルクに頼らざるをえない。

今まで母子が一緒にいることがスタンダードであったものを、引き離すことを正当化するロジックが要請された。1つ目は、「衛生観念」を利用することである。母子が一緒にいることで、感染症にかかる確率の高さなどの科学的な根拠を示す方向だが、これは世界中の臨床実験で、母子が一緒にいる方が感染症の発生率が低いことが早くから証明されていたため、母子別室にする論拠にはならなかった。

そこで、粉ミルク会社が母子別室＝新生児室を作ることに貢献した。具体的には、医療従事者（特に産婦人科医）が独立し新病院を開設する際や、老朽化などで新病棟を建設する際の費用を肩代わりした。これは、1960年代後半からごく最近まで行われていた。筆者の聞き取りで明らかになったことだが、病院の経営が代替わりする際に、特定の粉ミルク会社からの納入を不審に思った息子・娘が、その会社に問い合わせたところ、病院建設費数十億円を肩代わりしていたことが発覚した。しかも開業後40年間は、他の粉ミルク会社から購入できない契約や、粉ミルク会社の栄養士の指導者つきで病院と関係を持つなどの約束も交わされて

注1　メカニズムは以下のとおりである。まず、出産後に胎盤が体外に排出されると、胎盤から分泌されていたエストロゲンとプロゲステロンという ホルモンが急激に減少する。それと同時に、乳汁の分泌抑制作用が削除され、プロラクチンというホルモンが乳腺に活発に働きかけ、乳汁の生産を開始するのである。このとき、プロラクチンを促す作用として、子の匂いをかいだり、子の肌に触れたりすることが考えられている。従って、母乳分泌のスイッチを押してくれるのは、子の存在だと言われている。（代表的な文献：山内 1990）

いたという。また別の事例では（パーマー、2015）、病院建設は特殊であるため、建築士を含む専門家の費用が高い場合がある。そこで、粉ミルク会社が格安で、専門の建築関係者を紹介するなど病院建設に「貢献」した。そこでは新生児室を設計することが決められ、病院関係者は口が出せないなどの契約が結ばれていた。

以上のように粉ミルク会社は、製品をどうにかして、赤ん坊の最初の一口に入れたいと考えてきた。関わった医療従事者は一部であるにせよ、医療という場は、その販売戦略に確実に利用されてきた。

粉ミルク育児の推進

粉ミルクを製造・販売する企業は、販路拡大のために粉ミルク育児を推進する必要があったが、人々の間ではまだ子育ての「主役」ではなかった。そこで必要とされたのが、資本と医療従事者の「権力」であった。なぜ医療従事者の「権力」が必要なのだろうか？それを示すのが、フランスの食品大手D社と、その傘下にある中国企業G社の活動の事例である。

多国籍企業であるD社は、世界第4位の食品会社である。日本では、D社は別の乳製品で有名で、粉ミルクの販売は行っていないが、中国市場では別の商品展開を行っている。これこそ多国籍企業だからできる商品の「住み分け」である。D社が中国の大手粉ミルク会社を傘下に収めた背景には、中国の粉ミルク市場の状況がある。WHOの2013年調査の時点で、17年には13年の2倍となる250億ドル（2兆9000億円）程度への規模拡大が予想されていた。D社にとって中国は、D社が抱える販売市場の中でも4番目であり、売上高全体の7％を占める。D社は粉ミルクの広告・宣伝を大規模に行い、また地元企業と合同することで信頼を得、人々の需要を喚起する販売戦略を行っている。それらが成功することで、粉ミルク育児をスタンダードなものに押し上げていく効果がある。「市場の原理とはそういうものだ」と一蹴されそうだが、今まで必要のなかったものを、必要であると認識させるには、相応の「強引さ」も求められる。その「強引さ」に一役買ったのは、粉ミルクの使用・普及に医療従事者が担った役割

であった。[注2]

医療従事者の役割

Ｄ社は中国市場に粉ミルクを普及させるために、欧米諸国で蓄積した「ノウハウ」を使用している。それは、自社の粉ミルクを病院で使用してもらい、正統性を確保する方法である。その正統性が母親たちに浸透し、退院後も自社の製品を購入すると予期した。医療従事者にも積極的に勧めてもらうよう、働きかけている。しかし医療従事者も、数ある粉ミルクから特定の製品を勧めるにはそれなりの根拠が必要である。粉ミルク会社は多くの賄賂を贈ることで、自社製品を母親たちに勧めるよう促した。[注3]

中国の調査会社「北京神農科信農業コンサルティング」のデータによれば、中国における粉ミルク販売全体のうち、病院の占める割合は３％程度だが、粉ミルクの知名度・正統性を高めるのに、病院は重要な場である。レポートも「医師の勧めは最も影響が大きい」と指摘する。また、「いったん製品を選ぶと、別のブランドに替える可能性は非常に低い」とするなど、病院の役割の大きさに注目している。[注4]

注2　もう一つ重要なこととして、現在日本は、粉ミルクの主な原材料である「ホエイ」は全て輸入に頼っている。粉ミルクを作る場所は日本なので国産と呼ぶが、実はその材料はすべて輸入品である。これは、グローバルに広がる畜産業界との関係によっている。１９４５年以降日本は、制度も文化も様変わりし、食生活や育児も例外なく変化した。例えば給食でパンを食べ、牛乳を飲み、乳製品をたくさん食べるようになり、そのため欧米諸国から輸入した。その一つが脱脂粉乳の原材料「ホエイ」であった。そしてその一部が乳幼児用粉ミルクの原材料として使用され、今に至っている。

注3　ロイター通信2013/10/16、http://jp.reuters.com/article/2013/10/16/idJPL3N0I61S（最終閲覧日2016/9/2）

注4　日中経済協会上海松川投資諮詢有限公司2014「中国東部の医療産業についての報告」日本語訳版。

　Ｄ社を含む複数の粉ミルク会社が販売拡大のため、医師に賄賂を贈っていたと報道された。[注5]中国衛生担当当局は医療従事者に、粉ミルク販売員から賄賂を受け取らないよう警告を出し、ＷＨＯも同様の要請を行った。[注6]

　このような販売戦略、医療従事者の買収・賄賂は、中国に限ったことではない。日本での産婦人科医・小児科医への聞き取りの際にも、しばしば登場することである。医師は予想以上に勧めを断れない状況にあり、むしろその勧めを期待する側面さえあるという。こういったことの積み重ねにより、母乳育児ができにくい環境が成立し、それに代わって粉ミルクが必要な状況が生まれてくる。つまり、母乳育児と粉ミルクの関係から、個人的に選択しているように思えるものが、社会的・経済的な諸関係によって規定されていることが読みとれる。粉ミルク会社が医療界に踏み込んでいった事例をさらに見てみよう。

２-２　粉ミルクというグレーゾーン――日本の医療界と企業の関係

　製薬会社は医薬品を売り込もうと、他社との値引き競争や医師への過剰接待を繰り返している。大学病院では、製薬会社の社名と名前が入ったバッジを胸にしたスーツ姿のＭＲ（医薬情報担当者）たちが、時には通用口や医師の部屋の前で行列をなす姿も見られる。私が聞き取ったデータを紹介する。

「研究論文や手術数の多い医師は、病院内で権限もあるのでＭＲからの接待は日常茶飯事。」

「飲食はもちろん、海外で学会があろうものなら旅費から現地の宿泊費、観光費用・おみやげ、すべて製薬会社持ち。」

「製薬会社は研究費と称して、医師に金銭を渡す慣習がある。その額は大きな病院ともなれば、年間に数千万円～数億円はあるでしょう」（グローバル大手製薬メーカー社員）

注５　ロイター通信2013/9/16、http://jp.reuters.com/article/danone-china-idJPL3N0HC28X20130916（最終閲覧日2017/9/21）『Ｄ社が中国病院で贈賄と中国ＴＶが報道、粉ミルク販売絡みで』

注６　WHO breastfeeding info:　http://www.who.int/topics/breastfeeding/en/（最終閲覧日2016/9/2）

その場合、もちろん使い道は自由である。本来は医療機関や大学に入るべきお金なのに、医師個人の教室や講座に入ることがある。こうしたことがあまりにも多いため、業界団体や厚生労働省は規制の強化に乗り出し、製薬会社は接待を行いにくくなった。例えば、医療用医薬品製造販売業公正取引協議会の対応は表のとおりである。しかし、規制を免れるものには商品があり、それがグレーゾーンにある粉ミルクである。そこで、乳製品会社が利益供与を行っている。

〈2012年4月からの規制の例〉
MRの営業活動での飲食／5000円まで
自社の薬に関する講演会後の懇親会での飲食／20000円まで
飲食の2次会や、ゴルフやスポーツ観戦など／禁止
↓しかし、これらの接待金額もあくまで自主規制の範囲内。
〈2013年9月にMR認定センターが公表した「MR実態調査」の結果〉
接待の自主規制強化について「よい」　MR：47.1%、医師：24.7%
↓つまり、業界の規制だけでなく、医療従事者側の問題も検討が必要。
(最終閲覧日 2016/07/05　https://www.iyakuhin-koutorikyo.org)

医学部5年生、6年生の事例

数人の総合病院に勤務する30代産婦人科医にインタビューした中から、興味深い内容を紹介したい。

「試験が終わると、教授に呼ばれ料亭に行くと、そこには有名粉ミルク会社の社員がずらっと10人ほどいて、席に着くなり、ブランド物のバックを学生全員に渡していました。」

「教授にこれまずくないですか?と聞いたら、教授はまずいけど、学生なら大丈夫だから、今のうちもらっておけ、と言われました。」

「すごく変だな、と思っていたら、毎学期毎学期同じようなことが起きていました。それで私は嫌だなって思って大学には残らなかったです。」

「製薬会社はかなり規制が強いのですが、粉ミルクの会社ってグレーゾーンなんですよ、だからやりたい放題です。」

製薬会社に対しては接待などの規定があるが、粉ミルク会社にはいまだ規制がない。最近では、粉ミルクだけでなく離乳食・乳幼児麦茶についても議論が進んでいる。これをみると、医療従事者の意識も大事だとわかる。いくら業界団体が規制しても、なかなか改善しないのが実際の医療現場・大学であることがわかる事例である。

3　粉ミルクのグローバルな展開

「泥水で溶かした」発展途上国の粉ミルク

次に、発展途上国における援助の現場での出来事を紹介しよう。粉ミルクの配布は、栄養改善には最良の方法であると考えられていた。しかし、水を使用する粉ミルクは、衛生状態が芳しくない国や地域では、栄養改善どころか逆に死に追いやる結果を招いた。多くの発展途上国で、水は不衛生な泥や感染症の病原体に汚染されている。先進工業国でも下水道が整備されていない地域もあり、水を使用する粉ミルクは様々な問題をはらんでいた。また発展途上国、先進工業国を問わず、工業発展を進めている地域では工場排水の整備が追いつかないため、人為的に有毒物質が水に混入している問題も抱えていた。そのような状況の中で粉ミルクを使用した場合、当然の帰結として乳児に影響が生じ、乳幼児死亡率は一向に下がらなかった。当初粉ミルクは、最先端の栄養学と小児科学を投入して開発されており、死亡などは想定されていなかった。しかし、実際に現場で活動する支援員や国連職員（WHO・UNICEF相方）による弊害の報告から、粉ミルクの使用が見直されることになった。

粉ミルクの弊害～乳製品企業への規制～

支援員の報告書には、粉ミルクの別の側面も指摘されている。粉ミルクは、衛生状態の安定や成分表示を理解できる識字率を前提に、製造・販売されている。だが現実には、経済的貧困から一缶の粉ミルクを長期間使用し、不適切に薄められている例があとを絶たず、その結果、低栄養状態になっていた。また先に述べたように、粉ミルクを溶かす際に使用する水が非衛生的であり、使用する哺乳瓶やゴムの乳首の消毒が不充分なために生じる下痢や感染症の影響で、かえって死亡率上昇を招いた（勝川 2003）。そこで、粉ミルク配布を停止して母乳育児に替えた場合の試算結果は、すべての母親が子ども出生後4～6か月間母乳で育てれば、100万人以上の幼い命を救うことができる可能性を示した。

しかし現実には、粉ミルク会社が大量に粉ミルクを無償提供し、なかなか撤収できない状況が続いていた。財政難であった国連にとって、無償提供は大きな支援となっていた。しかし、問題の放置は支援にならないため、1974年には母乳育児の世界的後退が指摘され、「すべての加盟国に母乳代替製品の販売活動の状況を検討し、適切な措置を講じるように」という要請が行われた。79年国際児童年には、WHOとUNICEFがジュネーブで乳幼児の食事に関する会議を開催し、乳幼児の健康と栄養状態の改善のための提言を採択した。そこでは母乳育児の重要性を確認し、その普及と推進へ舵を切り、81年にはガイドラインを設定した。明らかに母乳育児支援へとシフトしていく流れだが、これをうけて実際に母乳育児支援が開始されたのは、89年になってのことであった。

WHO・UNICEFの政策

本章では、食品・医薬品関係の多国籍企業が行ってきた粉ミルク販売の戦略を明らかにしてきた。1991年にWHO・UNICEFは、全世界に向けて「赤ちゃんにやさしい病院運動」（Baby Friendly Hospital initiative、以下BFH）に着手した。母乳育児の適切かつ科学的な実践を行う産科医療施設に対して調査し、母乳育児を実施している産科医療施設を承認・奨励し、BFHを認定する仕組みを世界的規模でスタートさせた。母乳育児支援の柱は、粉ミルク不買運動のような「敵への攻撃型」から、「前向きな支援策」へと段階的にシフトしていった。

この変化は、WHO・UNICEFが掲げる母乳育児支援が、理念や思想に留まる問題ではなく、むしろ生活世界の実践的行為であることのアピールでもあった。93年にWHOとUNICEFは、発展途上国支援だけでなく、世界中の産科医療施設に改善を求める方針を打ち出し勧告した。各国の保健機関や省庁へ配布するため、パンフレットや冊子を制作し発行した。

この時期から本格的に先進工業国へ母乳育児支援プログラムの適用をはかったが、当初はなかなか普及しなかった。その要因は第一に、産科医療施設と乳製品を扱う多国籍企業との関係である。イタリアの事例では、乳製品を扱う多国籍企業がM&Aを行い、様々な業種へ進出した。乳児用品や衣料品などを扱い、最も産科医療施設と深い業種は、食堂の管理運営であった。食堂の食品を安く卸す代わりに、粉ミルクを使用する契約を締結させた。病院経営者は、当然経費を下げたい思惑があったが、その結果、乳児に適切な栄養が行かない事態を招いた。また筆者がロシアの母乳育児支援サークルの代表者に聞いたところ、「多国籍企業からサークルに対して1年間の寄付の申し出」があったという。このサークルは、寄付の申し出を断ったところ、様々な圧力がかかり、活動がしにくい状況に陥った。

第二には、医療専門職の側の障壁が挙げられる。産婦人科医は一般に、妊娠・出産のほうが主たる職務であるため、母乳育児に取り組む動機は希薄である。小児科医は、子どもの栄養状態を規準に考えるため、「母乳か粉ミルクか」に関わらず、成長曲線を守ろうとする傾向が強い。一方で助産師や看護師は、母親の意見を尊重する傾向が強い反面、医療現場での効率性も追求する存在である。母乳育児にした場合、一律に与える粉ミルクとは違い、母親の体調や乳房の状態、乳の含ませ方などに個人差があるため、支援や看護ケアに個別性が要求される。また母乳育児を円滑に行うには、妊娠中からのケアも必要となる。母乳外来を設けるなどの対応が求められ、マンパワー・人件費が必要になる。今までの業務ルーティンからすれば、「非効率」な面は否めない。一般に医療専門職は効率性を好む傾向にあり、母乳育児支援は困難なプログラムである。事実、母乳育児支援を行わない理由として、「非効率」を挙げる医療専門職は少なくないだろう。筆者のインタビュー調査でもその傾向がみられた。このように先進工業国では、医療専門職の側の障壁が、母乳育児支援が普及しにくい要因ともなっている。

まとめ　母乳から粉ミルクへ—代用品を作り出す構造—

本章では母乳育児を通して、グローバルに広がる権力の諸関係を読み解いてきた。そこからは、もともとは存在せず必要もなかったはずの「代用品」を、必要なものとして流通させ、需要を喚起する巧妙な戦略と、「標準化＝グローバル化」の浸透の手段としての医師・医療者の姿が浮かび上がってきた。

粉ミルク会社でも、アフリカではそれらの企業がいい企業とされている場合が多い。しかし本当にそうなのか、無償提供の裏にある構造を読みとる必要がある。「善」の行いが独占市場を正当化するという、無償援助・国際貢献のもつパラドックスを、しっかりと読みとる力が求められる。大事なのは、援助がだめということではなく、誰のための、何のための援助なのかをしっかり考えることである。

以上に見てきた粉ミルクのグローバルな展開と母乳育児の相克の流れのなかで、合わせて見ておきたいのは、①経済のグローバル化に対抗する子育てネットワークの構築と支援の動きや、②トレンドで母乳か粉ミルクを選ぶのでなく、ライフスタイルとしての母乳育児が定着しつつあることである。

２０１５年7月3日、毎日新聞で「偽『母乳』ネット販売」という報道がなされた。それを機に、ＴＶ討論番組で「赤ちゃんは母乳で育てるべき?」といったテーマも出てきた。今日の社会で、子育てをするとはどういうことか、そういったことを考える契機にしてもらえれば幸いである。

第5章　ルーマンの社会システム理論

須田　佑介

1　はじめに

本章ではルーマンの社会システム理論について、大まかな見取り図を描き出していく。ドイツの社会学者ニクラス・ルーマンは、タルコット・パーソンズのあとをうけて独自の社会システム理論を構想し、現代社会学理論を牽引したひとりである。ルーマンの社会システム理論は、心的システム、相互行為システム、組織システムといったミクロレベルからメゾレベルの研究、また政治、経済、教育、芸術等々の機能システムとそれらを包括する全体社会といったマクロレベルの研究を視野に収める、包括的な理論である。彼の構想は、70冊以上の著作と400本以上の論文からなる論述に示され、1998年の死後も残された著作や論文が発表され続けている。

このようにざっと説明しただけでも、ルーマン理論の全体像を与えることは無理に近い。またルーマンの論述は、社会学理論としてはかなり厳密な定義をしたうえで進められるけれども、著作ごとに概念定義が異なっていたり、必ずしも体系的な論述になっていない部分もある。本論ではそういったルーマン理論のなかでも、特に重要な概念を採りあげて、できる限り体系的に整理することを試みたい。日本語で読めるルーマンの著作や二次文献は数多く、本論がそうした文献に取り組むきっかけと手がかりになれば幸いである。

2　機能主義のルーマン――等価機能分析

比較の方法としての等価機能分析

ルーマンが研究者としてスタートした頃、社会学で優勢だったのは**機能主義**と呼ばれる立場だった。社会学で「機能主義」という場合、説明対象となる事象Aを、別の事象Bもしくは全体Sの存続維持への貢献Fによって説明する立場を指す。この貢献作用を「機能」という。例えば、宗教的儀式はなぜ存在するのか?それは、「宗教的儀式が、社会成員の連帯を強化する」という機能によって、当該社会の秩序の維持に貢献するからである。

このような機能的説明の利点は、宗教的儀式のように起源が不明で、存在理由を特定できない現象でも、宗教的儀式と社会の存続という二つの観察可能な事実から、現象の説明を与えられる点にある。機能的方法は、マリノフスキーやラドクリフ・ブラウンらの人類学者を経由し、パーソンズらアメリカ社会学者によって洗練された。

特に影響力が大きかったのは、パーソンズの構造機能分析である[注1]。大まかに言うとパーソンズの枠組は、社会は相互行為の組み合わせから成り立ち、それらが社会構造の存続に貢献しているから存在する、というものである。安定的な社会構造がまずあって、その存続維持に対する貢献（＝機能）によって、具体的な行為や社会現象を説明するから、構造‐機能主義と呼ばれる。ただしなかには、社会構造の存続のために働かないような現象も存在する。それらは社会構造の存続と維持にとって、逆機能的であると言われる。

このようなパーソンズの立場は、その狭い社会観から批判された。例えば家族は、大人の情緒的安定化と子どもの社会化という機能によって、社会秩序の維持に貢献するから存在している。他方でこの機能を充足しない家族は、逆機能的とか機能不全的な家族であり、社会にとっていらない存在であるかのように扱われてしまう。現代の社会学理論

注1　構造‐機能分析については、小室直樹「構造‐機能分析の論理と方法」（福武直監修／青木和夫編『社会学講座1 理論社会学』15-80、東京大学出版会、1974）あるいは「特集　パーソンズ以後」（『社会学評論』35-1 1984）などが参考になる。

は基本的に、こうしたパーソンズの枠組を乗り越えることから出発している。ルーマンも例外ではない。ただし、他の社会学者が機能分析を棄てたのに対し、彼は機能分析を改良する立場をとった。それが彼の等価機能分析である。注2 ルーマンの等価機能分析は、問題解決を比較するための方法である。ルーマンは、機能とは、社会構造の維持に対する貢献ではなく、何らかの問題に対する解決だと言い換えた。この問題を解決する他の可能性を発見して比較しようというのが、等価機能分析である。

例えば、第一の分析により、「宗教的儀式は、社会成員の感情的緊張という問題を解決する」という結論が得られたとする。次に、〈感情的緊張の解消〉機能をはたす他の可能性は何か?という問いを立てる。この機能をはたす他の可能性には、例えば泣いたり怒ったりして感情を爆発させるとか、空想の世界に閉じこもるなどの私的な反応が含まれるだろう。これらの私的な反応と宗教的儀式は、同じ機能をはたすといえる。〈感情的緊張の解消〉という視点のもとでは、どちらも機能的に等価である。

他方で、機能的等価性を判断する視点を変更すると、代替不可能性を指摘できる場合もある。例えば宗教的儀式は、感情的緊張の解消だけでなく、社会的結束力を強化する機能もはたしていると考えられる。だが一方、ひとりで感情を爆発させたり空想の世界に閉じこもったりしても、社会的結束力が強化されることはない。つまり私的反応と宗教的儀式は、〈社会的結束力の強化〉機能の視点で比較してみると、機能的等価物ではなく、互いに代替可能ではない。すると宗教的儀式は〈感情的緊張の解消〉機能と〈社会的結束力の強化〉機能を同時に実現することから、ある社会で存続しているとか、この両方の機能を実現する現象があればそれに代替可能だといえる。等価機能分析は、ある問題解決という視点のもとでの、機能的に等価な選択肢の開示と比較の方法である。

注2　初期ルーマンの方法論にかんする諸論文は、きわめて読解が難しい翻訳になっている。ルーマンの等価機能分析にかんしては、富永健一『思想としての社会学　産業主義から社会システム理論まで』（新曜社 2008）において、比較的分かりやすい部分訳と要約によって知ることができる。あるいは、『公式組織の機能とその派生問題』（新泉社 1992）など、ルーマンの初期の著作を参照するとよい。

「機能主義的な分析は、扱うさまざまな事態を比較可能にする。機能主義的分析は、個々の営みを、ある抽象的な視点に関係づけ、この視点は、他のありうる営みの可能性を目に見えるようにする」。(Luhmann 1970, s.17-18.)注3

「ある抽象的な視点」というのが、例えば〈感情的緊張の解消〉などの準拠問題であり、「他のありうる営み」というのが機能的等価な解決選択肢である。ルーマンによれば従来の機能分析は、原因と結果の関係を「それ以外ではありえない」関係でとらえる世界観に支えられていた。だが社会を対象にする場合は、因果規則を「その他でもありえる」関係からの限定的選択として解釈した方が、機能分析の特徴をいかせるとルーマンは考えた。

「システム／環境」図式と複雑性の縮減

ルーマンは等価機能分析と並行して、独自のシステム理論を構想した。この時期のルーマン理論は、「システム／環境」図式と呼ばれる枠組と、「複雑性の縮減」メカニズムの分析という二つの軸から組み立てられている。

ルーマンの論述を要約すると、**複雑性**とは、関係づけ不可能な複数の可能性が共在している状態である。社会的システムであれば、行為や体験の可能性が過剰に存在する状態が、複雑な状態である。「**世界**」は、ありとあらゆる体験と行為の可能性を提供するという意味で、最高度に複雑である。「**システム**」は、ここから関係づけ可能な要素を限定することで成立する。システム外部の「**環境**」には、システムに含まれないすべての可能性が含まれる。システムが自己を維持するには、世界の複雑性をシステム内部で取り扱い可能な複雑性に限定して、外部の環境との境界を維持しなければならない。システムは、外部である環境との複雑性の差異によって定義されるから、「**システム**／**環境**」図式という。

世界（＝システム＋環境）

注3　本章ではルーマンの引用の際、ドイツ語原書のページをs、邦訳書のページをpで表す。

社会的なシステムも、この種の複雑性の差異を維持することで、環境から境界づけられるシステムだ。世界が複雑だと言っても、人々は全く構造化されない複雑性、「すべての可能性が平等に、そして任意に実現されるような限界状態」という混沌のなかで、体験や行為をしているのではない。頭の中では、あれこれ可能性が考えられるのに、実際に実現するのは、そのうちわずかなものだけだ。どうしてそんなことになっているのだろう?ルーマンは、複雑性を縮減する社会的メカニズムがあるからだ、という。

信頼の機能分析

例えば、「信頼」もそのような複雑性縮減メカニズムである。私が家を出て仕事場に着くまでに、私の一連の行為は、例えばベビーシッターへの信頼、赤信号を無視する車がないことへの信頼、電車が時間通りに来ることへの信頼等々に支えられている。「信頼にもとづく行為の利得・合理性は……無差別的態度への跳躍にある。つまり、信頼によって、事態の一定の展開の可能性が考察範囲から閉め出されるのである。信頼をとおして、ある種の危険が、つまり除去はできないが、しかし行為の妨げになってはならない危険が中性化されるのである」(Luhmann [1968] 2000, s.30, p.42.)

例えばベビーシッターを信頼することは、子どもを危険な目に合わせるなどの、あってはならない一連の事態を度外視することである。この種の信頼ができなければ、私は仕事に出かけることもできない。私がベビーシッターによる未来の行為を信頼できれば、私は仕事に集中するとか、買い物に出かけるとか、そういった私の行為可能性が拡張される。ルーマンによれば私たちの社会は、社会成員どうしがそのつど合意を取り付けることで成り立っているのではない。むしろ信頼によって成立する社会である。信頼の範囲は、人物だけでなく、専門家集団や政治制度や市場制度などの抽象的なシステムにも及ぶ。だが信頼の基礎は、そもそも「無差別的態度への跳躍」にあるのだから、信頼に基づく社会では「リスク」の問題が表面化しやすい。

このように信頼の機能は、一言で言えば「複雑性の縮減」である。ルーマンによれば、不信もまた、信頼の機能的等価物である。不信は、「信じないということを信じる」ことでもあるからだ。例えば、オオカミ少年は嘘つきで、だから彼の発言は信頼できないが、「オオカミ少年の発言はいつも嘘である」という点は、信頼できる。

社会学的啓蒙

初期ルーマンの課題は、等価機能分析という方法論と、複雑性の縮減によってシステムの存立を語る社会システム理論を確立することにあった。彼は、問題解決を比較する方法である等価機能分析と、複雑性の縮減を準拠問題とするシステム理論を組み合わせることで、自らの社会学が実践に関与できるのだという。複雑性の縮減という問題解決に向かう諸々の可能性を比較しながら、等価な機能を持つ事象を発見し、行動の選択肢を開示すること。ルーマンはこの立場を「社会学的啓蒙」と称し、自らの規範的関心を表明していた。

3　自己参照的システム理論

ルーマンは1984年に『社会的システム――一般理論要綱』（邦題『社会システム理論』）という著作を発表して、自身の理論を初めてまとまった形で提示した。この著作で特徴的なのは、自らの社会学理論に、一般システム理論の社会学部門担当という位置づけを与えていることである。そのさいルーマンは、「**オートポイエシス**」という枠組によって、社会的システムが作動する原理的なメカニズムを説明している。オートポイエシスとは（ギリシャ語の「自己・制作」が語源）、チリの生物学者が発案したコンセプトである。システムの要素は、システムの要素間ネットワークのなかで、システムを構成する要素によって産出される。一言でいうと「**自己産出**」である。

ルーマンは、このコンセプトをそのまま社会的システムの説明に転用したわけでなく、いろいろ工夫をしている。特にシステムの要素は、生起した瞬間消滅する「**出来事**」として概念化される。出来事はすぐに消えるから、システムが存続するには、次の要素がただちに接続しなければならない。こうやって、要素を出来事として概念化し、要素産出の条件を、先行する要素の消滅に求めることで、要素が次々と接続することで成立するシステムというコンセプトを組み立てた。要素が接続しなければ、システムは終了する。出来事を要素とするオートポイエティック・システムは、かなり不安定でもあり、またそれゆえに動的なシステムでもある（→意味）。

ルーマンは、人間も社会もオートポイエティックなシステムであると考える。社会的システムは、コミュニケーションという要素をコミュニケーションのネットワークのなかで産出するシステムである。また心的システム（ルーマンは人間という言い方を避ける）は、意識を意識によって産出するシステムだ。

さらにこのシステムの特徴は、閉鎖的な自律性を構成していることである。コミュニケーションを産出できるのは、コミュニケーションという作動様式だけである。コミュニケーション・システムの内部に人間の意識が持ちこまれることはない。この点は、ルーマンのコミュニケーション概念を説明する際、あらためて言及しよう。

ルーマンはこうして社会システムを、自己の要素であるコミュニケーションを再生産することで構成される自己参照的システムとして概念化するようになった。80年代以降のオートポイエシス理論への転回によって、ルーマンは大きく変貌を遂げたと言われることもあれば、それほど変化していないという見解もある。いずれにせよ、一般的にルーマンのシステム理論と言えば、このオートポイエシスや自己参照的システムの理論で代表される。以下ではこの構想に基づくルーマンの理論と、その社会的システムの説明がどのようなものかを見てみよう。

3-1　意味

意味の指示構造

ルーマンによれば、心的システムと社会的システムは、意味構成的なシステムであり、意識もコミュニケーションも、意味に基づく作動である。意識にとってもコミュニケーションにとっても、物や出来事は、何らかの意味を帯びて現象する。例えば、私たちは何かを思考するとき、光の反射や空気振動などの単なる感覚データの受信をこえて、「このサクラの花はきれいだな」「この音楽は心地よいな」「今日の彼女は機嫌が良いな」というように、事物をある特定の観点から眺める。

物や出来事の意味的な現れに特徴的なのは、それがある特定の観点から体験されることであり、それゆえつねに別の可能性が考えられる。（Luhmann 1984, s.94, p.94）例えばサクラではなく、実はモモの花だった。私にとってこの音楽は心地よいけれど、私の親にとっては騒音にしか感じない。今日の彼女は機嫌が良いけれど、明日になったら分からない。言い換えれば、目下の意味的な現象の体験は、複数の可能性からの選択であり、選択であるがゆえに偶発的（他でもありえた）である。

意味的な現象にとって、選択は不可欠でもある。意識やコミュニケーションのなかで、複数の体験可能性を同時に実現することはできない以上、何か特定の可能性を選ばなければならない。そのさい複数の可能性からの選択は、モモではなくサクラの花／私の親ではなく私にとっての／明日の彼女ではなく今日の彼女というように、「**否定**」の操作を経由して行われる。（Luhmann 1971, s.35-7, p.39-42.）だが、否定によって選ばれなかった選択肢は、二度と選択できないという意味で消滅するのでなく、潜在的な可能性として保持される。私が「これはサクラの花だ」と思い込んでも、それ以外の花の概念が消滅しはしない。事物の意味的な現象を体験するさい、私は何か特定の可能性に注意を向けなければならない。この点で選択は強制されているが、間違ったら「出発点にまた戻って、別のやり方を選択してよい」（1984, s.94, p.94.）のである。

このように、ある特定の意味は、否定を介した選択によって実現する。だが、意味そのものを否定することはできない。（1984, s.96, p.97.）「無意味」という概念もまた、有意味という概念の否定によって得られる点では、意味を持つ。日常経験では、些細な話題から思わずコミュニケーションが盛り上がるとか、くだらないことを頭のなかで考えて楽しかったりするといった実例を誰でも挙げられるはずだ。「無意味」を含め、どのような指示も意味を指示する。意識やコミュニケーションのなかで生起することはすべて、意味を帯びる。この点で、意味の指示構造は閉鎖的・循環的に構成されているといえる。

意味の動的な性格

閉鎖的・循環的という点で、意味の指示構造は安定的である。だが意味は、変化を自己強制し、基底的な不安定性に支えられてもいる。(1984, s.98, 100, p.99, 101.)「変化が自己強制されている」とは、顕在化された特定の意味に固執し続けることはできない、ということだ。意識において同じことだけを思考し続けると（「これはバラであり、バラであるバラであり、バラであるバラはバラであり…」）、やがて考えることを止めてしまうだろう。コミュニケーションにおいても同じ話題が続けば、退屈になってしまう。顕在化された意味は、次第に意識やコミュニケーションにとっての情報価値を失うが、だからこそ新たに意味を顕在化させられるし、顕在化させる必要がある。このような意味の不安定な性格は、その動的な性格を示してもいる。（→オートポイエシス）

ここでルーマン自身による意味現象の定義を確認しておこう。次の文はよく引用される。

「意味現象は、体験と行為の他の可能性の指示を過剰に示すものとして現れる。視線の注がれるところ、志向の中心に何かがあり、それ以外の一切は、体験や行為の〈その他諸々〉の地平として、志向の周辺部に示唆される。志向されるものはすべて、このような地平という形式で、世界全体を開かれたものとして保持しているのであり、したがって接近可能なものという形式で、世界の顕在性をつねに保証してもいる。[…] 意味的に志向される対象から出発する指示の総体は、次の展開で事実的に顕在化可能な指示よりも多くの指示を提供する。それゆえ意味の形式は意味の指示構造をとおして、次の段階に選択を強制する」。(1984, s.93, p.94)

特定の顕在化された意味が、つねに他の可能性を潜在させているという点はすでに述べた。顕在的な事物の意味的な現れがあり、そこから推論できる他の可能性には一定の範囲が設けられているが、そのすべての可能性を挙げてみることはまずできない。これが「他の可能性の指示の過剰」である。

例えば、私の目の前にあるこれはバラであり、このバラはバラであるということを越えて、私の庭に咲いているバラであり／周囲の雑草に栄養を奪われ、このままでは枯れてしまいそうな弱々しいバラとして体験可能である／そこで私は、雑草を化学的に除去するという行為に取りかかることができる／だが「化学的な除去」を行うと、それは環境破壊だとして非難されるかもしれない／…。(Luhmann 2008, s.13.)

このように顕在的な意味から出発して、それが指し示す他の潜在的な可能性を次々と挙げていけるが、そのすべては〈その他諸々〉〈以下同様〉として一括的に把握せざるをえないほど過剰にある。この過剰性は、どこまでいっても排除されることがない。そのつど一個の可能性が実現するごとに、他の可能性があらためて開示されていく。(「地平」に向かって一歩踏み出すごとに、地平もまた後退するように。)

引用文の後半では、「世界」概念が登場する。先に言及したシステム論の複雑性概念と意味概念との関係性が、ここでは示唆されている。「世界」は、複雑性概念との関係で、すべての可能性全体として概念化されていた。意味もまた、特定の顕在的な意味と潜在的な他の可能性の指示から成立する点では、「可能性全体」に関与する。ここから、意味は世界そのものではないが、可能性全体としての世界を代理・表象するといえる。顕在化された意味は、他の可能性を指示する、つまり諸々の潜在的可能性が積極的に含まれる。「接近可能なものという形式で、世界の顕在性をつねに保証してもいる」は、この点を表現している。

意味の三次元

顕在的な意味は、他の潜在的可能性の否定によって実現する。これは、顕在的な意味が他の潜在的な意味との差異によって実現することでもある。言い換えれば、意味は**「顕在的／潜在的」**という差異によって、意識やコミュニケーションにおける情報価値を獲得する。(1984 s.100, p.101) 議論の冒頭では、事物の意味的な体験は特定の観点から把握されたものであると述べたが、その最も抽象的な観点が「顕在的／潜在的」の区別である。

意識やコミュニケーションにおける情報処理では、「顕在的／潜在的」という差異が、さらに三つの次元に特殊化されて適用される。⑴事象的次元、⑵時間的次元、⑶社会的次元である。(1984, s.111-22, p.115-26.)「顕在的／潜在的」の差異は、⑴事象的次元では「これ／これ以外の何か」の差異に、⑵時間的次元では現在と「以前」「以後」との差異に、⑶社会的次元では「自己の視座／他者の視座」の差異に、それぞれ特殊化される。先述の例でいえば、ある花を見るとき、この花はモモではなくバラの花であり（事象的次元）、昨日咲いたバラの花であり（時間的次元）、私にとって綺麗なバラの花（社会的次元）、といった具合である。

3-2　二重の偶発性

ところで、社会学に意味概念を導入すること自体に新しさはない（現象学的社会学、象徴的相互作用論、エスノメソドロジーなどを総称して「意味学派」とも言う）。ルーマンの意味概念の特徴は、人間の意識からなる心的システムにも、コミュニケーションからなる社会的システムにも適用可能な点で、普遍的な概念であることだ。

社会学において意味現象は、人間の意識内の現象として扱われることが通常である。古典的にはマックス・ウェーバーは、行為者の主観的に思念された意味によって行為概念を定義していた。例えば、何かの目的（この木を燃料にしよう）が頭の中で思い描かれているようなふるまいは、観察者にとって物理的行動として記述できるだけでなく、行為として理解できる。思念された意味に他者が含まれるなら（人を雇って木を切ろう）、社会的行為だ。いずれにせよ意味は、ひとりの行為者の意識に関連づけられる。

このような意味の主観性に基づく議論に対し、ルーマンが注目したのは、意味的要素の再生産には、心的システムには還元できないような、社会的システム固有の再生産プロセスがあるのではないか、ということである。このような観点から、まず意味概念を普遍的に概念化したうえで、次に社会的システムだけに特殊な問いを設定していく理論構成になっている。ルーマンの最終的な目標は、社会的システムの説明である。その第一歩は、次に説明する「二重の偶発性」（**ダブル・コンティンジェンシー**）という問いから始まる。

偶発性の社会的次元

まず意味の社会的次元に注目しよう。先述のとおり、顕在的な意味は他の可能性を指示するので、「別様にも可能」という偶発性の意識を生じさせる。社会的次元では他者を考慮することで、この種の偶発性が私に生じる。他者はたんなる物体でなく、彼・彼女に独自の視点から世界を捉え、偶発的にふるまう、もうひとりの私だ（「他我」）。そこで私のなかでは、私に依存する偶発性と、他者に依存する偶発性が考慮される。社会的次元では、偶発性が二重化するのだ。

私の他でもありえた偶発的なふるまいに、他者の他でもありえた偶発的なふるまいが依存することを、私が考慮している。これが二重の偶発性状況である。例えば私は、相手に贈り物をして喜んでほしいと思っている。喜ぶか否かという相手の偶発的な反応は、私が何を贈るかという偶発的なふるまい次第である。ということを私が頭のなかで考えるばあい、「何を贈ればいいか分からない、私はこの宝石を綺麗だと思うが、相手もまたそのように思うかどうかは相手の視点次第だから」というような、行為選択の決定不可能性が生じる。

だがルーマンによれば、これは「半分にされた」二重の偶発性状況であるという。ルーマンが真の二重の偶発性状況だと考えているのは、自己と相手の双方の側で、二重の偶発性が体験されている状況である。私の側では、あなたの視点を考慮することからもたらされる二重の偶発性を体験していて、あなたの側では、私の視点を考慮することからもたらされる二重の偶発性を体験している。このように、意味の社会的次元で偶発性を体験する二つの個体が、互いに注意を向けるとき、真の二重の偶発性状況が生じる。

ルーマンが「半分」の問題を指摘するだけではだめだとみなす理由は、半分だけの問題解決では、行為の成立を説明できても、社会システムの成立を説明できないと考えるからだ。ダブル・コンティンジェンシーの問題を最初に提起したのは、先述のパーソンズだった。彼が考えたのは、まさに「半分にされた」問題である。パーソンズは、社会は行為の組み合わせで成り立つと考えたから、ひとりの人間のなかで生じるこの問題を解決すれば、行為の成立を説明することになり、そこから「社会秩序はいかにして可能か」の問題を解決できると考えた。彼の解答は、価値や規範を人々が共有することで解決されるというものだ。

ルーマンの立場は、二重の偶発性問題が、その解決が直接「社会秩序はいかにして可能か」の解答になるためには、⑴二重の偶発性問題は一個の心的システム内で完結する問題でなく、複数の心的システム間で生じる問題であり、⑵社会秩序の実現は、価値や規範といった外部要因からでなく、二重の偶発性問題から直接生じる何かとして指摘すべき、というものである。ルーマンは基本的に、二重の偶発性問題は、相互の反応を学習し、互いに予期を形成し合うことによって解決されると考えている。

「そもそもコミュニケーションを始動可能にするにあたって、二重の偶発性状況は、最小限の相互観察と、相手にかんする知識に基づく最小限の予期を確実に必要とする。同時に、参加者どうしが完全な相互理解をすること、特に参加者各々が考えているシステム状態を完全に理解することは、二重の偶発性状況の複雑性によって排除される」(1984, s.155, p.166.)。

私とあなたは、どこまでいっても別人格であり、内部が不透明なブラック・ボックスだ。その点で「完全な相互理解」はない。だがコミュニケーションを始めるには、例えば「贈り物をしたら人はうれしい」「喜ばせようと思って人は贈り物をする」というような、これまでの経験から得られる最小限の知識でよい。それ以外の不確定な部分は、互いに自由を容認することで埋め合わされる。そんなわけで、互いに独立した二つの心的システムを前提にするが、それぞれの心的システムから独立しているような固有の秩序が形成される。こうして形成されるのが、原初的な社会的システムだ。

予期を形成することで二重の偶発性を解決することは、具体的な行動水準でこの状況を制御するといった考え方をしないことだ。例えば、相手が喜んでくれると予期して私が贈り物をしたということを、相手が予期する。相手は、私の贈り物を喜んで受け取ることで、私が喜ぶだろうと予期して、実際にそのような反応を示す。結果、私は何を贈るかに依存せず、どんな贈り物をするのでも、相手が私の贈り物を喜んでくれる、という当初の目標を達成する。これには、好意を抱いていることをこれまでのやりとりから学習するとか、相手にとって私が関係性を維持したい人物だと思われていること、またそう思わせるようなこれまでの私の行動が、前提となるだろう。

また、「物ではなく気持ちが大切だ」といったロマンチックな観念の機能は、二人の予期を安定化させ、二重の偶発性状況を克服することにある。この相互作用状況が象徴化されたものが、「愛」というコミュニケーション・メディアである（後述）。ルーマンによれば、近代以降の社会では、「愛」や「権力」や「貨幣」など、相互の予期を安定化させ、今おかれている相互行為状況がどんなものかを先取りできるような、様々な仕組みが発達する。二重の偶発性状況は、二人の人間が出会うと必ず生じるが、こういった社会的な仕組みのおかげで、いちいち学習と予期の形成を最初からやり直す労力が節約される。（→複雑性の縮減）

ここで中間的な要約をはさんでおこう。ルーマンは、人間の意識やコミュニケーション現象は、意味に基づくと考える。事物を意味的に把握することは、特定の視点から対象をながめることである。意識やコミュニケーションにとって、事物のある特定の側面だけが現象するから、意味的な現象は、つねに「別様にも可能」という偶発性を生じさせる。ここまでは人間の意識とコミュニケーション、つまり社会的システムに共通する議論だ。

意味の社会的次元で偶発性を体験する二人の人間が出会うと、二重の偶発性状況が生じ、社会的システムが形成される契機となる。二重の偶発性は、相互の行動選択が、学習と予期のもとで調整されることで、解消する。というか、二重の偶発性という困った状況だからこそ互いに学習し、相手の想定を想定する態度への動機づけが形成される。この点で二重の偶発性は、相互行為を不可能にする条件というより、その可能性条件だと言える。

3-3　コミュニケーション
コミュニケーション――三つの選択の総合

さて、このような二重の偶発性状況を前提にすると、コミュニケーションは、この状況にある二つの情報処理装置が協働して産出する「**選択**」どうしの接続だということになる。ルーマンはコミュニケーションを、「**情報**」の選択（何を伝えるか）・「**伝達**」の選択（どのように伝えるか）・「**理解**」の選択（どのように理解するか）の総合として概念化する。特に、理解は「情報と伝達の区別」として定義される。（1984, s.193ff, p.217 以下）

例えば、母親が子どもに「もう好きにしなさい！」という発話が伝達であり、「親の言うことを聴け」という命令や警告が情報である。母親の情報発信と同時に、子どもの側で、この発話自体とその情報を切り離せる場合に、理解が成立し、ひとつのコミュニケーションが実現したことになる。理解が成立するには、受け手の側で、伝達行動とそれが指し示すものとを区別できればよいのだから、理解には「誤解」も含まれる。受け手の子どもは、母親の発言「好きにしろ」を、「遊び続けてよい」「家を出てよい」という情報として受け取ることもでき、ひとつの理解として成立する。反対に、理解が成立しない場合とは、「好きにしろ」と言われたってどうすればいいのか分からない、そういうケースだと言えるだろう。

理解が成立すると、受け手の側では、もうひとつの選択「受容／拒絶」の可能性が生じる。この第四の選択は、情報伝達にたいする受け手の反応として、次のコミュニケーションで提示される。どう反応を示すかは、次のコミュニケーションにおける情報伝達の選択だ。例えば「好きにしろ」とは「言うことを聴け」ということだな、と子どもが理解したとしよう。この理解を前提に、子どもは次に反応を選択する。子どもは、親の言う通りにするなんて気に入らない！と考えている。そこで親を困らせようと思い、家出の支度をする。でも、そんなことをすれば事態が深刻化するだろうから、ここは素直に親に従おうと決める。ここで、コミュニケーションの送り手と受け手が交替する。今度は子どもが送り手となる。ゲームをやめ、部屋を片付けて、宿題をやるのだ。この反応（＝情報伝達）を受け取って、親は、子どもが素直に自分の言うことを受け入れたのだなと理解する。理解が成立して「受容／拒絶」の可能性が生じることは、このようにコミュニケーションどうしの接続可能性が生じるということでもある。理解はルーマンのコミュニケーション論の重要な契機だ。

ところでルーマンは、これが、コミュニケーションの「伝送」メタファーによる概念化とは異なる点に、独自の貢献があると考えている。「伝送」メタファーというのは、バトンリレーのように、情報を人から人へ受け渡していくようなコミュニケーションのイメージである。ルーマンの概念化によれば、コミュニケーションはそのような伝達行為だけに還元できず、情報の選択性も理解の選択性も入り込む。伝送メタファーのもう一つの問題点は、行為がコミュニケーションの構成物であるという点を覆い隠すことにある。ルーマンの考えでは、行為は、コミュニケーションを伝達行動に単純化することによって構成される。この単純化の機能は、行為としてコミュニケーションをある時点に固定することで、コミュニケーションの接続が容易になることにある。

前述の例を続けよう。今度は、親の発言「好きにしろ」を子どもが誤解するケースである。

親：　「もう好きにしなさい！」。

子ども：「うん、わかった。じゃあ好きにするよ」。

（子どもが家出の支度をはじめる。それを見て、）

親：　「あなた、何やっているの！？」。

子ども：「だって、お母さん、さっき好きにしろって言ったじゃないか」。

親：　「それは〈へりくつ〉って言うの！」、「いい？お母さんは怒っているの。はやく宿題しなさい！」。

子どもは「好きにしろ」という親の発言で、先行するコミュニケーションを代表させている。つまり親の情報・発信と、子どもによる理解（「好きにしろ」／「家出の許可」）があり、これら三要素からなる一個のコミュニケーションを、親の発話行為に単純化しているのである。情報・伝達・理解のまとまりとしてのコミュニケーションは、一方では「出来事」として、生起した瞬間に消滅する。だが他方で、行為としてある時点に固定され、後続のコミュニケーションの前提として持続する。親はその意図がどうあれ、「好きにしろ」と発話した事実を取り消すことはできない。親の発話行為は、次のコミュニケーションの接続ポイントとなり、子どもは反応によって親に情報を発信する。子どもの誤解を訂正して親の真の意図を伝えるには、もうひとつのコミュニケーションが必要である。

社会的システムの要素としてのコミュニケーション

こうしてコミュニケーションは、先行するコミュニケーションや後続するコミュニケーションを参照することで、産出されていく。コミュニケーションに接続する作動は、コミュニケーションだけである。こうした事情を指して、「コミュニケーションの回帰的ネットワークによって」あるいは「自己産出的に」コミュニケーションが産出されるという。人格、意図、動機などでも、それらがコミュニケーションに登場する限り、コミュニケーション過程において構成されるしかない。「本当の気持ち」は、私の意識に秘められている限り、心的システム内部の現象に留められる。私の気持ちを伝えるには、相手に分かる仕方で、それを発信しなければならない。誤解はコミュニケーションにつきものだが、訂正はできる。誤解の訂正もやはり、コミュニケーションによって。

このようなコミュニケーションを要素とする社会的システムは、閉鎖的な自己（＝コミュニケーション）参照的システムである。だが、コミュニケーションという作動によって、システムは外部に開かれてもいる。というのも情報は、つねに（今行われている）コミュニケーションの外部に言及するものだからである。例えば、「怒っている」という感情じたいは、親の心的システム内部で、つまりコミュニケーションの外部で、生じている現象だ。これに対して「怒っている」という発話自体は、コミュニケーション内部に属する現象である。ここからコミュニケーション・システムの内部では、自己（内部）参照と他者（外部）参照が並行して行われていると言える。情報はコミュニケーション・システムの外部参照を、伝達はコミュニケーション・システムの内部参照を指す。自己参照と他者参照を同時に扱えることは、理解において「伝達」と「情報」を区別しつつ関係づけるための基礎である。

ルーマンによれば、社会的システムの要素であるコミュニケーションは、観察できない。

「コミュニケーションは、直接観察することはできず、ただ推測できるだけである。それゆえ、コミュニケーション・システムが観察の対象となるとか、自己を観察できるためには、自己を行為システムとして標示しなければならない」。（1984, s.226, p.259.）

これはなかなか論争的な命題だが、基本的には、コミュニケーションのなかでコミュニケーションを扱うには、行為として単純化される必要がある、という先述の主旨である。例えば「だってあのときこう言ったじゃないか」というように、先行するコミュニケーションの情報伝達と理解は、ひとつの発言に代表されて登場する。

ルーマンのコミュニケーション論は、社会システムの要素を行為とみなす従来の理論を乗り越えることにひとつの目標がある。なぜ行為を要素とみなせないのか。それは、行為を一義的に同定することが難しいからである。例えば、発話という行為を考えても、つねに誤解がつきものだ。「好きにしなさい」という発言は、文字どおり「自由を許可する」行為ともとれるし、「ある種の警告を与える」行為ともとれる。行為の同一性（それはいかなる行為か）は、前もって与えられるものでなく、コミュニケーション過程において構成される。

コミュニケーションは本来、対称的な関係である。どのような情報をどのように伝えればよいのかは、相手の理解を前提にする。だが理解は、情報の伝達が行われることを前提にする。そんなわけで、コミュニケーションそのものは、どれかひとつの選択には還元できない。だが、コミュニケーションを行為に単純化することで、この対称性は破られる。行為や発話の連続として単純化することで、コミュニケーションは発信者から受信者へという方向で観察できるようになる。

3-4　象徴的に一般化されたコミュニケーション・メディア

コミュニケーションの非蓋然性

さて、コミュニケーションが以上のような現象だとして、コミュニケーションが現実に生起するかどうかは、また別の問題である。ルーマンによれば、コミュニケーションは実現する可能性の低い（非蓋然的な）出来事である。コミュニケーションの非蓋然性は、次の三つの観点から指摘できる。(1984 s.217-8, p.248-50.)

第一の観点は、「**理解**」の非蓋然性である。コミュニケーションの参加者が異なる個体であり、各自の知覚や記憶によって理解が左右されるとすれば、送り手側の伝えたい情報が、受け手側で理解されるかどうかは不確実だ。第二の観点は、「**到達**」の非蓋然性である。送り手側の情報伝達が、受け手に到達するかどうかは不確実である。第三の観点は、「**成功**」の非蓋然性である。情報伝達が受け手に到達して、理解がなされたとしても、受け手が自分の行動前提として受容するかどうかは不確実である。（「行動前提として受容する」とは、単に相手の提案に従うだけでなく、その提案を踏まえ、計画を練るとか、代替案を出す等も含まれる。）

これら三つの非蓋然性から、コミュニケーションがより確実に実現するための条件を考えることができる。純粋に考えれば実現する見込みの低いコミュニケーションが、いかにして実現しているのか、という問いを立てられるわけである。ルーマンは、このようなコミュニケーションの非蓋然性を克服して、その実現を蓋然的にするメカニズムを「**メディア**」という。(1984, s.220, p.252.)

言語、流布メディア

第一の「理解」の非蓋然性に対処するメディアは、**言語**である。私たちは同じ言語を使用することで、相手も自分と同じことを考えると想定できる。また言語に基づき、文字や印刷や通信（ラジオ、テレビ、電子メディア）の発達が可能になる。このような**流布メディア**（マスメディア）によって、第二の「到達」の非蓋然性が克服され、離れた相手に情報を届けられる。

ここで重要なのは、言語や流布メディアの発達によって、第三の「成功」の非蓋然性が高まることである。言語的コミュニケーションでは原則的に、受け手にイエスとノーの可能性が等しく与えられている。言語によって相手の提案をよく理解できるからこそ、私はそれに従わない理由を手にすることもできる。さらに流布メディアによって、コミュニケーションが対面状況の圧力から解放されると、拒絶は容易になる。言語や流布メディアの発達は、「理解」と「到達」が成立する条件を確実にする一方で、受容に向かう動機づけの敷居を高め、コミュニケーションが成功する見込みを低くする。ルーマンは、言語や流布メディアによって高められた「成功」の非蓋然性を克服することに、近代以降の大規模なコミュニケーション・システムが成立する契機をみている。

象徴的に一般化されたコミュニケーション・メディア

第三の成功の非蓋然性を克服するメディアを「象徴的に一般化されたコミュニケーション・メディア」という。このメディアとしてあげられるのは、「権力」「貨幣」「真理」「愛」などであり、ルーマンはそれぞれの象徴性を介して、コミュニケーションにおける提案の受容が動機づけられるという仮説を立てる。

「一般化を用いて選択と動機づけの連関を象徴化する、つまり選択と動機づけをひとつの単位として描くようなメディアを、象徴的に一般化されたメディアと呼ぶことにしよう。重要な例としては真理、愛、所有／貨幣、権力／法が挙げられるが、未熟な水準のものも含めればさらに信仰、芸術、そして今日ならば汎文明的に標準化された〈基本的価値〉をそれに数えることができるだろう。これらはどれも、様々な相互行為状況に対して様々な仕方で、コミュニケーションの選択が同時に動機づけの手段となる、つまり相手が選択提案に従うことが十分に保証されるような条件を整える働きをする」。(1984, s.222, p.254.)

コミュニケーションの成功とは、コミュニケーションが理解されたうえで、次のコミュニケーションの前提として受容されることである。この意味での成功には、相手の選択的な提案を受け入れるための動機づけが必要だが、相手の提案が一定の条件をふまえていれば、受容に向けた動機づけの見込みも高くなる。(1997, s.321, p.362.)

例えば、警察官に呼び止められ、身分を明かすよう求められた場合、その提案（命令）が適法で、提案に従わなければ否定的なサンクションを受けると予期できるので、受け手の私は、提案に従うよう動機づけられる。送り手の警察官も、自らの提案がこうした条件をふまえるからこそ、私がどんな人物であれ、私が警察官の提案に従うだろうと予期できる。「権力」は、例えばこのような権力保持者と服従者の間で生じる相互作用状況の象徴であり、両者間で選択可能なコミュニケーションの要素を緩く結びつけている。権力はこのように象徴化されることで、具体的な状況に依存せず一般的に適用される。権力保持者と服従者の間にお互いの予期が形成され、コミュニケーションが予期構造のもとで進められる。

もうひとつ「貨幣」というメディアも見ておこう。貨幣の特徴は、一枚の紙や一個の金属片としては使用価値を持たないが、貨幣を持つことが意味する交換可能性という点で価値を持つことにある。貨幣論ではこの種の貨幣の象徴性が注目されてきた。貨幣は、それがどのような場所でも再度支出できるからこそ、受け取られる。

ルーマンによると権力メディアと貨幣メディアは、否定的サンクションを与えるか、肯定的サンクションを与えるかで対照をなす。権力メディアによるコミュニケーションでは、「命令を受容しなければもっと悪い事態（罰金、逮捕、戦争等）になるぞ」という脅しによって、服従者を権力保持者に従わせるよう動機づける。服従者は逮捕されるより、おとなしく言うことを聴くほうがマシだ。（実は権力保持者も、実際に手を下すより、言うことを聴いてくれたほうがマシだ。権力保持者は、自分で何でもする必要がないゆえ、権力保持者なのである。）対して貨幣メディアは、貨幣支払いによる肯定的サンクションによって、提案の受容に動機づける。雇用主の言うことを聴くのは、労働力の対価にお金をくれるからだ。雇用主はお金を用意できれば従業員が確保され、給与に見合った働きをしてくれること等を期待できる。

権力メディアも貨幣メディアも、警察や政治、市場の制度といった実質的基盤を前提にしている。これは他のメディアも同様である。おそらく脅しや交換の原初的な相互作用状況がまずあって、長い時間をかけて政治制度や経済制度が歴史的に発達し、そのなかで権力や貨幣といったコミュニケーション・メディアも形成されてきた。

コードとプログラム

コミュニケーション・メディアが受容の動機づけの効力を発揮するには、象徴に留まり続けてもいけない。「権力」や「貨幣」といった象徴は、何らかの形式を与えられて実現される必要がある。ルーマンは、そのような形式を**「コード」**という概念で分析している。（Luhmann 1997, s.359-60, p.405.）例えば、**「権力」**は**〈権力を持つ／持たない〉**、政治システムの場合は**〈政府／野党〉**にコード化される。**「貨幣」**のコードは、**〈支払い／不支払い〉**である。**「真理」**のもとで行われる研究者のコミュニケーションは、**〈真／偽〉**にコード化される。

メディアが発達すると、そのもとで行われる一切のコミュニケーション〈情報選択・伝達選択・理解選択〉は、それぞれに付随するコードで処理されてゆく。コードは**二重化規則**として、当該のコミュニケーション・システムで生起する出来事を、コードのいずれかの値に割り当てる。例えば〈真／偽〉のコードによって、真であり、科学的に正しいとされた知識だけでなく、偽であり、科学的に間違った知識もまた、ひとつの知識とみなされる。

こうして、政治や経済や学術のような各コミュニケーション領域が閉鎖的になり、自律化する。さらに、コードの一方の側から他方の側への移行が容易になると、この種の自律性が強化される。例えば政治システムの内部では、与党から野党、野党から与党への移行が、制度的な仕組みにおいては容易化されている。このようなコード内部での移行の仕組みを、ルーマンは「**技術化**」という。(1997, s.362, p.408.)

コミュニケーション・メディアとコード、最終的には技術化によって、各コミュニケーション領域が閉じる。同時に、そこで生起する一切の出来事をこの種の内部構造によって処理できるからこそ、次に外部の出来事を扱うための追加的な仕組みを組み込むことができる。ルーマンはこの仕組みを「**プログラム**」と呼んでいる。

例えば、学術のプログラムは「理論」や「方法論」である。学術的なコミュニケーションは、すべて〈真／偽〉のコードによって処理され、他の値を許さないが、例えばあるプログラムによって〈裕福／貧困〉の差異を研究テーマに採りあげることができる。コミュニケーション・システムの構造という点では、コードはシステムの閉鎖的な側面を、プログラムは開放的な側面を、それぞれ指摘している。特にコードが発達することで、コミュニケーション・システムは、目的論的システムではなくなる。ある目標が達成されると、システムが終了するのではない。例えば、お金を支払うことで私は支払い能力を失うが、経済システム全体としてみれば、支払い能力が再生産されることになる。目標の達成はエピソードとして、次のコミュニケーションを接続可能にするだけである。

3-5　機能分化論

ルーマンは近代以降の社会を、政治、経済、教育、科学等々の機能システムごとに分化した社会（**機能分化社会**）として描いている。例えば、政治システムの機能は「集合的な拘束力のある決定の産出」、経済システムの機能は「希少性の制御」といった具合だ。それぞれの機能システムには上述のメディア、コード、プログラムが付随し、これらのはたらきによって機能システムに固有のコミュニケーションを再生産している。

ルーマンの理論では、自律的なシステムどうしの関係は「**構造的カップリング**」という概念で表現される。例えば政治システムと経済システムは、税によってカップリングされ、政治システムは税収によって政策を実現する。さらに、紙幣を印刷する中央銀行という組織によってもカップリングされている。この種の構造的カップリングによって、両システムはある種の依存関係をとる。だが、これは自律的なシステムどうしが相手の内部で行われる作動に干渉するということではない。政策の実現可能性は税収に依存するが、政治システム内部でどのような政策がとられるかについては依然、政治システムの作動の問題である。中央銀行を介して政府が市場に経済政策を伝える場合でも、市場でどのような反応がなされるかは、依然として経済システム内部の問題である。

機能分化には、身分に基づく「階層分化」が先行し、階層分化には「環節分化」が先行する。環節的に分化した社会は諸部分システム（部族など）の同等性、階層分化した社会はヒエラルキー的な階層間の不平等性を特徴とする。機能分化社会は、異なる機能システムが同等の資格で並存し、「脱中心的」「多中心的」な社会である。

ただしルーマンは、しばしば機能分化を近代社会の「第一次的」分化であることを強調しているように、機能分化社会の内部で二次的に環節分化や階層分化、あるいは中心／周辺の分化が生じる可能性を排除していない。たとえば政治システムは領域国家に環節的に分化しており、領域国家の内部では中心／周辺の分化がみられる（Luhmann 2000）。あるいは経済システムの活動は、つねに支払い能力のある者とない者という区別を再生産し、後者を経済システム内部の周辺に追いやる傾向がある（Luhmann 1988）。このように機能システム内部では、ヒエラルキー化や中心／周辺など機能分化以外の分化が形成されることもある。

4　観察するシステム

ルーマンは80年代以降、オートポイエシスという枠組に加えて、「観察」というタームを導入した。経済や政治や学術のようなコミュニケーション・システムは観察の作動によって、システムの要素を産出している。ルーマンはシステムがどのような観察を行っているかを分析する形で、各機能システムの理論を次々と組み立てた。

観察は、区別と指示からなるひとつの作動である。システムの要素は、正／負の値が割り当てられた区別の一方の側を指し示す、観察という作動によって産出される。先に説明したコードは、各機能システムに固有の区別として、この種の観察に用いられる。例えば、学術のコミュニケーション・システムでは、ある主張が真／偽のいずれかの値を指し示されることで、学術的コミュニケーション内部で流通する主張になる。さらに真／偽という両方の値を扱えることは、自己の内部で、自己が用いている区別を観察できるということでもある。学術的コミュニケーションで用いられる区別は真／偽であって、その他の区別ではない。これもまた、「〈真／偽〉／それ以外」の区別の一方の側を指示する点で、ひとつの観察である。また、どのような観察をしているかを観察する点では、観察の観察であり、二階の水準での観察である。ルーマンの分析によれば、各機能システムは、このような「セカンド・オーダーの観察」の水準で、自己を同定するシステムである。

ところが、この種の観察を行うシステムは、区別の両側を視野に入れて、自己を同定するばあい、「パラドクス」が生じ、システムの要素産出は停止するとみなされる。パラドクスが生じるのは、肯定値が否定値に関係する場合である。例えば「それぞれの支払いは、(受取人に) 支払い能力を、(支払った人に) 支払い不能力をもたらす」。このばあい「支払い」という肯定値を選んだはずなのに、「支払えない」という否定値の選択を帰結することになった。これがルーマンの言う〈パラドクス〉である。

次に経済システムは、支払い能力ある／なしの区別によって作動するシステムとして一貫していなければならないので、このパラドクスを展開する必要がある。「この作動タイプしか知らないシステムは、徹頭徹尾、過剰と稀少の統一性としてシステム自体を体験するに違いない。この統一性は理解不可能だろうから、その代わりに代替表象が求められる。たとえば〈不可避的な〉不平等分配であるとか、理論的反省では均衡理論を用いるわけである」。（Luhmann [1987] 2009, s.21.）このパラドックスはいっぽうで、システムの作動を遮断する契機であるが、他方ではこれを展開することが、システムにある種のリアリティを獲得させる契機でもある。「この遮断は、その遮断をどのように乗り越えるのかということに留意することで乗り越えられる。これを、きわめて一般的な意味で、自己参照性の〈展開〉と呼ぶことができる。自己参照性の（肯定的あるいは否定的）循環性が、こじ開けられ最終的には根拠付け不可能な仕方で展開される」。（Luhmann 1987 s.163.）

5　結び

以上がルーマン理論の大まかな見取り図である。ずいぶん抽象的な話だなぁと思うかもしれない。実際ルーマンの理論は、ほとんど理論的なリソースと、心理学や社会学的調査、歴史学といった各分野の二次文献を大量に参照することで構成されている。ただしルーマンは、社会的システムを論じることを正当化するような対象が、現実に存在すると考えている。確かに言われてみれば、ルーマンがコミュニケーションと言う現象を、私たちは実際に行っているようにも思う。またルーマンの理論は、理論的に思考することの意義を教えてくれる。可能性としてはこう考えられるのに、実際に実現しているのはこれだけしかない。何か確定的なものを見つけてきて、それを不確定な可能性領域と比較する。そうすると「では確定的なXはいかにして可能か？」という問いを立てることができる。ルーマンはそういう発想を得意にしている。この可能性領域をうまく組み立てる部分、そして可能性を限定し、ある特定の現象を実現するメカニズムを指摘する部分で、理論が活躍する。

社会やコミュニケーションは、目に見えない現象だ。それは具体的な行為やデータを参照して推測するしかない。行為やデータの集合は、そのままコミュニケーションや社会ではない。これは社会を生きている私たちにとっても同様である。社会やコミュニケーションといった目に見えない現象が、私たちの行為や思考に影響を与えている。同じ人間なのに、人格として、コミュニケーションの対象として扱われず、排除される人々や地域がある。ルーマンの理論では、人格もやはりコミュニケーション・システム内部での構築物だ（Luhmann 1991）。社会的システムは、そこに包摂されるものを取り決め、人々に行為の自由を与える。だが、社会的システムはその境界によって、包摂されるものと排除されるもの、人格と人格とは見なされないものとを隔てる。

社会的システムの境界と、それを産出するメカニズムとは何かを解明することは、とても重要な問いだ。この問いにどこまで理論的に肉薄できるのか。ルーマンの理論はその限界に挑戦した最新のバージョンである。

第2部　歴史と理論のプラクティス

第6章　見すごされてきた大家――ゾンバルト『贅沢と恋愛と資本主義』

多田　治

1　禁欲か贅沢か――ウェーバーとゾンバルトの謎

社会学理論の講義を毎年行う中で、近代や資本主義をマックス・ウェーバーで語るのは何か足りず、ヴェルナー・ゾンバルトで補う必要を感じていた。ウェーバー的な禁欲・労働・生産の系はあくまで一面であり、ゾンバルトが指摘した奢侈・消費の系と合わせてみるのが近代や今日の社会の実像・全体像に近いと考えていた。

ウェーバーの『プロテスタンティズムの倫理と資本主義の精神』（以下『プロ倫』）は、古典として有名で、「宗教的禁欲の倫理が近代資本主義の発展を促した」というテーゼはよく知られている。対して同時代のゾンバルト『恋愛と贅沢と資本主義』は、それほど有名でないが、読んでみると名著で、現代を考えるヒントも豊富だ。「贅沢・奢侈や女性・恋愛が、近代資本主義の発展を促した」とするテーゼは、ウェーバー的禁欲・倫理とは真逆だが、むしろ真理の一面をつき、今日の消費優位の社会にはより適合的なようにも思われる。

ゾンバルトの他の本『戦争と資本主義』『ユダヤ人と経済生活』『ブルジョワ』も、それぞれ示唆に富むが、これらが文庫化され読めるようになったのはごく最近のことだ。戦後日本の社会学・社会科学で彼は長らく注目されず、圧倒的にウェーバー優位だった。多くのウェーバー読者は『プロ倫』を読む中でゾンバルトの名前を知り、そのゾンバルト批判を通して、ゾンバルト自身を読まずに済ませてしまう。ウェーバーはゾンバルトを論駁し、ゾンバルトはウェーバーの引き立て役で終わった印象を植えつけられる。

だが、事はそう単純でもないようなのだ。古典・定番化した『プロ倫』は、当時は論争的な書であった。１９０４〜０５年に初版が刊行されたこの論文は、ゾンバルトやブレンターノらから痛烈な批判を浴び、激しい論争に発展した。だから1920年の第2版は、これら論者に応答して激しい反批判を加えたため、（あの読みづらい）膨大な注釈がついたのである。この「ウェーバー／ゾンバルト問題」は、未決着なまま、あたかも収束済みのように、戦後日本の社会学史でウェーバーは君臨し、ゾンバルトは日の目を見なかった。この差は一体、なぜなのだろうか。おそらく大塚久雄に代表されるように、戦後日本の社会科学が立脚した視座が、ウェーバーやマルクスに依拠してきた面が根強かったのではないか。

2　ウェーバーとゾンバルトがそれぞれ扱った象徴財

近代資本主義の起動力として、ウェーバー的禁欲かゾンバルト的奢侈か、どちらが妥当なのかという問いは、興味深い問題でありながら、これまでほとんど垣間見られてこなかった。近年の経済史やグローバル・ヒストリーの知見では、ゾンバルトが妥当な面も多いようだ。ただしこの問題については、ウェーバー自身も言うように[注1]、そもそも両者が扱う対象や次元・位相が異なる面もある。同時代人で親交も深かった両者はマルクスに批判的で、資本主義について別の見方を提示したい問題意識を共有していた。1902年にゾンバルトが刊行した大著『近代資本主義』[注2]に刺激を受け、ウェーバーは論文「プロ倫」を発表した。マルクスの唯物史観に対し、二人は資本主義の「精神」に着目し、影響し合った。[注3]だがこの「精神」の中身が異なる。

注1　「〔ゾンバルトが引用した〕フッガーの言葉では、商人らしい冒険心が吐露されており、道徳とは関係のない個人的な傾向が表明されているが、フランクリンの言葉には、倫理的な色彩をおびた生活の原則が語られているのである。本書では『資本主義の精神』という言葉を、この意味で使いたいと思う。」（『プロ倫』日経BPクラシックス版、p.51）その注ではさらにこう言う。「この点においてわたしはゾンバルトとは異なる問題構成をしているのである。」（p.52）

注2　残念ながらこの書はゾンバルトの主著でありながら、1942（昭和17）年『近世資本主義』（岡崎次郎訳、生活社）のタイトルで部分訳が出されて以来、日本では刊行されておらず、今後の翻訳が待たれる。

注3　ウェーバーによる以下の『プロ倫』の注は、注目に値する。「わたしがここに示した研究の成果は、そのすべての決定的な論点においてそれ以前の多数の研究に依拠しているものの、こうした論点を明確に表現する上では、それを鋭く指摘したゾンバルトの重要な仕事に負うところが

象徴財
救済財（宗教生活・禁欲）↑ウェーバー　より観念的・倫理的
消費財（娯楽生活・奢侈）↑ゾンバルト　より物質的・感覚的

これは私なりの言葉と分類である。両者の対象は、資本主義発展の起動力となった「精神的なもの」を含む財、「特別な意味・価値を含んだ財」という点では共通し、象徴財とまとめられる。だがその中の領域が異なる。ウェーバーは『プロ倫』で宗教生活を取り上げ、プロテスタンティズムの世俗内禁欲の倫理の延長上に、資本主義の精神をみた。そこで扱ったのは、「宗教的救済を与える象徴財」＝**救済財**である。ゾンバルトの『恋愛と贅沢と資本主義』は対照的に、宮廷や大都市の上流層の娯楽生活、奢侈・贅沢＝**消費財**を扱った。

両者は密な影響関係にあり、ともに重要な知見を提供した。ウェーバーばかりが認知度が高く、ゾンバルトが見すごされてきた経緯と現状には違和感が残る。そこで以下では、『恋愛と贅沢と資本主義』のエッセンスを取り出してみよう。

3　『恋愛と贅沢と資本主義』のエッセンス

3-1　奢侈の担い手の形成

中世〜近代初期、ヨーロッパでは宮廷社会が形成された（→エリアス、本書8〜10章）。宮廷がいち早く発展したのはイタリアだが、フランスで近代的宮廷が確立した。宮廷社会を織りなしたのは貴族と美女で、女性がいることで宮廷に贅沢が発生し、ルイ諸王の時代にスケールが大きくなった。イギリスのエリザベスのような女王の宮廷では逆説的に、婦人の支配が欠けていたという。

大きいことを、ここで強調する必要はないだろう。わたしの論点が、ゾンバルトの論点とは異なったものであったとしても、いや、まさにそのように異なることにおいて、彼の著作に負うところは大きいのである。ゾンバルトの見解に決定的な異議を唱えようとし、彼の多数の主張を正面から否定しようとする人々も、そのことを自覚しているべきなのである。」(p.75)

むしろ婦人の支配は「非合法の女性」、いわゆる妾によって基礎づけられたとゾンバルトは指摘する。贅沢と恋愛が結びつく理由はここにある。

他方、一般社会では中世以降、封建制に収まらない新しい「市民の富」が増大してくる。貿易で得られた巨額の富で、金融業が発達し、富裕な新興成金が成長してきた。17〜18世紀、古い貴族と新興成金の間から、新しい社会層が形成される。結婚を通じて世襲貴族の栄誉と、市民の経済的富が融合されてゆく（象徴資本と経済資本の結合・交換）。イギリスでは由緒ある旧貴族が衰退し貧困化すると、王が富裕な市民から新貴族を選び出し、貴族称号を売り出した。商人の子供も富さえ得れば、1〜2世代後にはジェントルマンになれた。フランスでも新興成金の「貴族への憧憬」が強く、爵位を金で容易に買えた。貴族の象徴的地位が、金の力と結びついてくる。このプロセスはヨーロッパ近代の一面でもあり、ゾンバルトはそこに贅沢・奢侈の担い手の出現をみた。

3-2 大都市の形成と愛の世俗化

17世紀、ローマ・アムステルダム・パリ・ロンドンでは急速な人口増加が進み、ロンドン・パリは18世紀末には、ゾンバルトの時代の100万都市に匹敵する大都市に成長していた。これらはすでに消費都市で、王侯・僧侶・高官に加えて資本家が集まり、国家収入の大部分をそこで消費することで、20〜30万人に住居や仕事を与えた。植民地から豊富な商品も入り、奢侈は大都市にふさわしいものとして確立した。

初期近代、愛は生活内容となり、女性への愛が盛んに語られた。だが愛への快楽主義・美学的な考え方は、愛を封じ込めていた宗教的・制度的紐帯と対立した。結婚生活は家柄や財産、子孫など愛以外の目的で営まれたので、純粋な自由恋愛は結婚とは別に、並立していく。上流層では婚外性交が結婚生活を補うものとされ、売春も大都市で増えた。非合法・自己目的の恋愛が広がり、高等娼婦が出現した。

ルイ11世の時代、市民の娘は宮廷社会に引き入れられ、支配者の愛妾として公認された。女性と求愛は、優雅できらびやかな宮廷生活に欠かせない要素となる。こうして「愛妾経済の時代」が始まった。王の愛妾が公認されたことで、宮廷外の街でも非合法的な恋愛関係が受容された。街の高等娼婦も宮廷の女のように生活し、一般上流婦人の趣味にも影響を与えた。最も影響力が強い宮廷社会じたいが「位階のある愛人」の影響下におかれ、街の愛人たちのモデルになった。モード・流行・デラックスな飾りつけ・消費などは、社交界の婦人に取り入れられる前に、まず娼婦たちに吟味・鑑定されたという。

3-3　贅沢の展開

奢侈・贅沢とは、必需品を上回るものへの出費のことである。個人的奢侈は感覚的な喜びから生じ、感覚的な欲望は元来、性生活に基づくとゾンバルトは言う。富が蓄積され愛を営む場では、贅沢もまかり通るが、贅沢をする動機は、性愛や感覚の喜びだけではない。ゾンバルトはヴェブレン『有閑階級の理論』を持ち出しながら、野心・華やかさ・うぬぼれ・権力欲・他人に抜きん出たい衝動を挙げる。

華麗な生活は王侯の宮廷に始まり、宮廷はエネルギーの源泉だった。ルイ14世治下では、宮廷から巨額の金が贅沢品製造業者に流れ、特に建築の贅沢は巨額であった。奢侈支出に愛妾が与えた影響は大きく、新しい愛妾が現れるたび、奢侈の洪水が見られたという。贅沢は宮廷から一般に広がり、虚栄を求める新興成金の影響で普及発展していく。地位序列が際立つ社会で、より人に尊ばれたい欲望が奢侈への衝動力になったという。

貴族の貧窮化は、市民階級の資本家を富裕にする源泉となった。旧貴族は没落か成金との通婚に追い込まれ、貴族の世俗化が進行した。17～18世紀、旧来の高貴の伝統から即物的な奢侈・贅沢へ、貴族性も変質してゆく。初期資本主義の裕福な人々は支出に励む一方、収支をととのえ倹約するのを「小市民的」として忌み嫌った。

18世紀の上流社会では、愛妾が支配する経済が一般化し、法外な消費の大部分が非合法恋愛のために行われた。奢侈もたえず変化し、屋内・即物化も女性の志向であった。奢侈需要の即物化は、非生産的奢侈から生産的奢侈への移行であり、資本主義の発展にも意味があったとゾンバルトは言う。女性も恋する男性も、待つことができず、奢侈のテンポが加速し、贅沢の変化が経済的に意味をもった。ゾンバルトは、甘味品の消費と女性優位との関連を指摘する。初期資本主義期に女性が優位に立つと、砂糖が愛用される嗜好品になり、砂糖を入れることでコーヒー・ココア・紅茶はヨーロッパで広く飲まれ始めた。住居の奢侈の発展は大都市の発達と密接に関連していた。バロックやロココの様式など豪華絢爛な住居・家具へ人々を駆り立てたのは、やはり女性、特に高等娼婦で、その住居設備が一般の模範となった。頂点は王の愛妾の住まうヴェルサイユ宮殿であった。

3-4 奢侈からの資本主義の誕生

ヨーロッパ各国の政府は、奢侈を奨励する施策をとった。奢侈が工業を促し、市場形成力をもつことを認識したからである。富者が贅沢をすることで、貧しい労働者が養われる。奢侈に害悪はあっても、産業を促進するので全体に利益をもたらすという、マンデヴィルの「蜂の寓話」流の考え方が広まった。マンデヴィルやヒュームのような18世紀の思想家は、奢侈を資本主義発展の原因ととらえた。ゾンバルトも、マルクスの言う遠方の諸外国・植民地への販売より、ヨーロッパ本国の上流層の奢侈・消費が重要だと考えた。

東洋から輸入された商品はすべて、富者の奢侈向けだった。コーヒー・紅茶・ココアは、砂糖を入れて飲むことで上流層に普及した。インドの木綿衣料も、当初は贅沢品として上流に取り入れられた。海外との貿易は奢侈消費の所産であり、金持ちが贅沢な出費をすることで成り立った。ヨーロッパへの贅沢品の流れがなければ、海外の人々はヨーロッパの商品を買えず、貿易全体が成立しえなかっただろうとゾンバルトは指摘する。

農業の資本主義的転換も、奢侈の所産だという。羊毛は大金持ちの消費向けで、奢侈品の織物の材料となった。砂糖・ココア・木綿・コーヒーなど植民地の産物は高価な贅沢品で、ヨーロッパ上流層の贅沢のために植民地の人々は働いた。大規模プランテーションが導入され、南北アメリカの植民地では最初に先住民が使われた後、アフリカから黒人奴隷が投入された。その過酷な労働が、パリやロンドンの娘たちが奢侈を充たす背景となった。

ゾンバルトは工業生産の分野でこそ、奢侈需要と資本主義の発達がからみ合ったと言う。絹織物・レース・陶器・毛織物・衣服仕立・皮革・建築・家具製造など、初期資本主義の工業の大部分が奢侈需要から発生し、大量販売も可能になった。奢侈品は遠方から高価な原料を取り寄せ、裕福な商人に利益をもたらした。製造費も高く、資本力をもつ人間に有利だった。製造には協業と専門化が必要なため、企業組織でこそ可能になった。販売面では奢侈品は景気に左右され、融通をきかすにも資本主義的組織は手工業よりすぐれていた。

以上のような詳細な検討を経て、ゾンバルトは次のような結論に至る。

「非合法的恋愛の合法的な子供である奢侈は、資本主義を生み落とした。」(p.346)

4　贅沢と愛妾経済

以上から引き出せる論点は、実に豊富だ。まず、奢侈・贅沢を正面からテーマに据えたことである。そこから近代資本主義の発展を考えた営みは、もっと注目・評価されてよい。多くの啓蒙的な思想家たちは、奢侈・贅沢に批判的で、憤慨する傾向を広く共有していたと思われるが、ゾンバルトは初期近代の奢侈・贅沢を、むしろ歴史的事実として対象化し、その資本主義発展への影響力を客観的にとらえようとしたのである。[注4]

歴史的事実に基づくとはいえ、彼の論の展開に驚き、大胆さをおぼえるのは、女性を主役に位置づけ、奢侈・贅沢を女性と関連づけ、恋愛・性愛・妾・娼婦・売春などを近代資本主義の主要因と考えたことである。宮廷の権力者である王、経済力をもつ富者や商人の大半は男だが、男性中心の社会とは考えずに、権力者・富者のそばにいる女性の役割・影響力に目をつけたのは、ゾンバ

注4　これとは真逆に、奢侈を抑え込む禁欲を近代資本主義の主要因と位置づけたウェーバーは、彼自身のメンタリティが、啓蒙の系譜と親和的な面をもっていたのかもしれない。戦後日本でウェーバー受容に多大な影響力をもった大塚久雄らの学派も同様だろう。

ルトの慧眼であった。しかも20世紀初頭の著作である。

「愛の世俗化」のところでは、恋愛・性愛が、宗教や結婚制度とも別の自律した領域として並び立ち、むしろそちらが近代資本主義の起動力となったというテーゼを、事実の水準で、つまり「善い／悪い」の道徳観から切り離して論証を試みている。実際、宮廷社会のきらびやかな世界は、女性と愛なくしては成り立たない世界であったのだろう。だが20世紀初頭のまじめな学問の世界で、「恋愛」や「贅沢」を社会科学の表舞台にのせることは、かなり勇気のいることだったのではないかと想像される。実はこれは、ゾンバルトの他の著書『ユダヤ人と経済生活』や『戦争と資本主義』にも言えることなのだ。つまり、どれだけ実証的な裏づけをしていようとも、「恋愛」「贅沢」「ユダヤ人」「戦争」のようなテーマは、「主観的」「感情的」「偏っている」「科学的でない」などのレッテルを貼られやすい。並の研究者なら、「色物扱い」されるのを避けて、無難なテーマを設定するものだ。もしかしたらこれが、最近までドイツでも日本でも、ゾンバルトが冷遇されてきた一因かもしれないが、彼の卓見と勇気を評価しておきたい。

それにしても「愛妾経済」とは、今日の通念からすればかなり衝撃的なとらえ方である。宮廷内で王の愛妾が公認されたことで、宮廷外の街でもパラレルに、非合法の恋愛関係が広まり、それが資本主義経済の一面を形成したというのである。建前上は「ない」（あるべきでない）ものとして隠蔽されがちな社会の本音の部分（ウラ経済）をとらえ、ゾンバルトはそれに明確な言葉を与えた。こうした面に光を当てた彼の仕事は、もっと積極的に語られ、評価されてもよいはずである（ウェーバーの「合理性の増大」テーゼとは対照的だ）。

宮廷社会と大都市

宮廷と大都市、宮廷の愛妾と街の高等娼婦のパラレルな影響関係という構図も興味深い。日本ではヨーロッパの宮廷社会というのはなかなかイメージしづらく、関心をもちづらいものだが、こう論じられてみると、宮廷と大都市が鏡のように照らし合って発展したことは、初期近代の重要な一面として理解できる（8章以降のエリアスの議論にもつながる）。「パリは宮廷の模倣者なり」

とは、的を射た表現であった。

宮廷は、大都市・資本主義・消費経済・近代国家、すべてのエネルギーの源泉として位置づけられている。そしてゾンバルトのオリジナリティは、宮廷社会・上流社会を、愛妾経済との関係に位置づけた点にある。宮廷や上流層がなぜいかに法外な消費を支出したのか。その内実が、非合法恋愛の熱に焚き付けられていた点が肝要だ。

ブルデュー『ディスタンクシオン』との接点──象徴資本と経済資本

古い貴族が没落・衰退していく一方、新興成金が貴族への憧れを抱き、両者の通婚や貴族称号の売買が行われていくプロセスは、ブルデュー『ディスタンクシオン』におけるブルジョワとプチブルの象徴闘争とも通じる（→1章）。中世の封建秩序が崩れ、貴族の地位と金の力が結びついてくるプロセスは、ヨーロッパ近代の社会経済的変容を表すものだろう。経済的に富裕な新興層が貴族の称号を得て、新しいジェントルマン階級が形成されてくる流れは、象徴ともの、象徴資本と経済資本の結合・変換・循環関係を想起させてくれる。

ゾンバルトがヴェブレン『有閑階級の理論』を引きながら、贅沢の動機として野心・うぬぼれ・権力欲・卓越志向を挙げているところも、注目に値する。地位序列の高低が際立つ社会において、自分の地位・威信を上げたい／維持したい、確かめたい、他人に見せたい欲望と、それらによる闘争。これも『ディスタンクシオン』におけるブルジョワとプチブルの相即関係、象徴闘争と重なる。虚栄を求める新興成金は、ブルデューの言うプチブル（もしくは新興ブルジョワ）に相当するが、彼らの地位向上と、奢侈需要の拡大は連動していた。貴族性の即物化が進み、ものの消費がそのまま自己表現になる事態であり、象徴経済と実物経済とが即応・連動している。

5　生産中心から消費中心へ、有効需要の見方

資本主義の発展に砂糖・コーヒー・ココア・紅茶が果たした役割は、後述するように、経済史やグローバル・ヒストリーではかなり研究が進んでいる。もともとヨーロッパでは飲む習慣のなかった舶来品のコーヒー・ココア・紅茶が、普及・浸透できたのは、これらに砂糖を入れて、甘くして飲む習慣が定着したからである。ゾンバルトはここでも、女性と甘みの関係に言及し、嗜好品と砂糖の歴史を、女性・恋愛と結びつけて考えてみせた。

富者が奢侈のための消費をすることで、貧しい労働者が養われるというのは、ケインズの有効需要の考え方にも通じる。奢侈の市場形成力を、ゾンバルトは繰り返し指摘する。大都市の形成も、消費の観点からとらえた方がわかりやすい面がある。農業・物資供給地・植民地も、大都市の消費動向の作用をたえず受け、大都市との関係のなかで発展や衰退、変質をとげていく。たとえば日本の１９８０年代、バブル期の東京で流行した贅沢な消費と、国内外の各地との関係を見ても、同様のことが言えるのではないか。

「海外・植民地における地理的な販路の拡大」というマルクスの見方を批判したゾンバルトは、「本国内の大都市における奢侈消費の形成」を対置した。生産重視のマルクスに対し、ゾンバルトは奢侈・消費の視点を貫くことで、「商品を消費したのは誰か」「誰のための商品生産だったたか」という問いに答え、具体的な消費者層を特定できたのだと言えよう。

6　経済史家・川北稔の仕事へ

近代初期のヨーロッパでは、ゾンバルトが言うような贅沢・消費の文化がすでに、宮廷や都市の上流層を中心に花開いていた。これと関連して、イギリス経済史を専門とし、ウォーラーステイン『世界システム論』の訳者でもある川北稔の仕事がとても参考になる。川北の専門はイギリス経済史だが、視野がとても広く柔軟で、専門外の人にも読みやすくて面白い。世代的にも内容的にも、大塚史学のウェーバー・生産中心史観の限界を乗り越え、「消費需要があってこそ、生産は継続的に行われ発展する」という

ディマンド・プル＝需要構造の観点から近代初期（近世）のイギリス経済にアプローチした点で、ゾンバルトと親近性が強い。実際、川北は近年の本でこう述べている。

「経済史を消費需要の側からみるということは、つまり、その商品がいかにうまく生産されたかではなく、それがなぜ売れたのかを見ることであり、商品を受け入れた人びとの生活の問題です。ここから、私は、『生活＝社会史』という、私独自の概念に到達しました。（中略）…最終的には、消費者の支持がなければ、生産は続きません。しかし、このような過程を分析しようとすると、当時の日本の歴史家が、神様のようにもちあげたマルクスも、マックス・ヴェーバーもほとんど役に立ちません。むしろ、役に立ったのは、消費の解放を自由恋愛と結びつけたヴェルナー・ゾンバルトらの議論でした。」（川北・玉木 2010: 190）

ここでゾンバルトから川北の議論（そして次章の世界システム論）につなげるのも、半ば必然的な流れということになる。川北は1960～80年代、独自の緻密な実証研究を通じて、戦後ドグマ化し形骸化していた上世代のウェーバー的生産史観を乗り越え、需要構造の観点を押し出していった。[注5]その功績は国内外の後の世代に大きな影響を与えている。また川北はウォーラーステイン『近代世界システム』、ウィリアムズ『コロンブスからカストロまで』、ミンツ『甘さと権力』、ポメランツ『大分岐』など、多くの影響力ある歴史書を翻訳している。これらはいずれも「国民経済」のような一国中心史観を脱し、各地を関係論的にみる世界システム論、グローバル・ヒストリー的な視座への移行を示している。それは川北自身の研究においても早くから獲得されつつあった視座であり、だから彼はこれらの訳を比較的スムーズにこなし、自らの研究にも吸収し続けていけたのだった。

注5　博士論文に基づく1983年刊の主著『工業化の歴史的前提』でも、川北はすでにこう書いていた。
「労働のモティヴェイションの変化を、ピューリタリズムの『精神』に求めようとするウェーバー流の解釈は、（略）工業化初期の需要がどこからきたのかを説明しえないという決定的な難点が拭い切れない。（中略）生産や所得の歴史は、ひとがなにゆえに生産し、何のためにより多くの所得を望んだのかという『生活史』的考察によって、つねに補完される必要があるのではなかろうか。このようにみてくると、問題の枠組は全然違うが、かつてのゾムバルトやヴェブレンの発想にも、再評価すべき部分があるように思えてならない。」（川北 1983: 374）

それまで工業化や産業革命が近代化の主軸とされていたが、川北は「工業化以前の近代」＝**近世**に焦点を当てた。戦後日本の経済史研究は、市民革命・産業革命・世界の工場といったイギリスの「先進性」イメージにとりつかれたが、実際にはこの国は17世紀まで、先進国にはほど遠かったという。17世紀後半から植民地を形成し、貿易が爆発的に成長する**商業革命**が起こる。植民地への輸出の対価として煙草や砂糖が国内に入り消費され、**生活革命**をもたらした。つまり産業革命には、生産に先行して需要が育っている必要があり、これが工業化に先立つ条件となったというのである。

コーヒー・ハウスは、ロンドンはじめイギリスの都市で劇的に流行し、貴族やジェントルマンの社交の場となった。コーヒー・ハウスで紅茶に砂糖が入れられるようになり、上流の人たちのステイタス・シンボルとして機能した。だがその習慣は、上流層のまねをしたがるスノッブな庶民層にもたちまち広がり、砂糖入り紅茶は国民的飲料となった。砂糖入り紅茶を飲む習慣は、（イギリスを軸に）地球の東端・アジアから持ち込まれた茶に、西の端からもたらされた砂糖を入れることで、しかも低価格で実現した。背景にはアフリカからの奴隷供給と、カリブ諸島での奴隷労働があった。**「世界の一体化」**はこうして進んだ。アメリカ独立前の1773年には、イギリスの全輸入の4分の1以上を砂糖が占めたという。砂糖は紅茶と組み合わせ「イングリッシュ・ブレックファスト」の基本となり、産業革命期の生活の基盤となる。砂糖入り紅茶は労働者の朝食を安上がりで「ホット・ディッシュ」に変え、19世紀にはジェントルマン階級のステイタス・シンボルと、民衆の労働や生活のシンボルとなった。世界初の産業革命は、イギリス国内の勤勉な労働だけで起こったのでなく、イギリスを主軸として広がった近代世界システムの上に成り立っていたのである。

7　社会理論と歴史的事実の往還運動

以上の知見は、川北の膨大な仕事のごく一端を紹介したにすぎないが、要点と面白さは充分に伝わることだろう。こうした砂糖の歴史は、我々を一国中心・生産中心的な歴史観から脱皮させ、ゾンバルトの奢侈・消費論から、（次章の）ウォーラーステインの世界システム論の視座へと導いてくれる。これまで産業革命＝工業化は、「生産」の革命としてとらえられてきたが、川北は消費需要の形成に着目した。ゾンバルトと川北は、消費・奢侈・需要に力点を置いた点で共通し、ウェーバーや大塚久雄の生産中心史観とは対極にある。

ウェーバー理論に依拠して独自の工業化・産業革命史観を打ち立てた大塚史学は、戦後日本で絶大な影響力を誇ったが、実証性に乏しく、史実に基づかないことがやがて明らかとなった。後世代の川北は膨大な統計データと史資料の収集・解読を通じて、産業革命を導いた要因がむしろ、それに先立つ植民地帝国・商業革命・生活革命・需要構造の形成にあることを実証し、大塚史観を乗り越え、80年代以後の西洋史の流れを変えていった。

私は本章の冒頭で、従来の社会学理論におけるウェーバーとゾンバルトの謎に着目し、ウェーバー的禁欲ばかりが取り上げられ、ゾンバルト的奢侈・消費が素通りされてきたことへの違和感を述べた。そうして初期近代の史実から、ゾンバルトの知見の妥当性も浮かび上がってきた。いまや社会学・理論の営みも、歴史的事実による実証的な裏づけを借りながら進めていく時代に入ったと言えるのではないだろうか。

ウォーラーステインの世界システム論なども、個別の史実上の誤りや偏りをよく指摘されるが、そのつど適切な修正や補足・調整を行えば済む場合も多い。基本的な視座・パースペクティブまでを否定する必要はなく、有効ならば大いに活用していけばよい。一国中心・西洋中心・生産中心的な歴史観から関係論・需要構造・世界システム論的な視座へのシフトも、史実による実証だけでなく、新たな理論的視座の投入によってこそ可能となった。理論的パースペクティブは、歴史的事実によって妥当性の検証チェック・修正補足・微調整を受けながらも、駆動し続けていくことに一定の意義と役割がある。社会理論と歴史的事実の往還運動をたゆまず続けていく営みこそが、求められているといえよう。

以上の到達点から次章では、ウォーラーステインの世界システム論を取り上げてみよう。

第7章　社会科学をunthinkする——ウォーラーステインの世界システム論

多田　治

1　社会科学を別様に考える

イマニュエル・ウォーラーステインは『脱＝社会科学』で、19世紀に確立した社会科学の前提が今なお力を持ち、状況分析を妨げていると指摘し、脱却を唱えた。本の原題は *Unthinking Social Science* で、Rethinkingではない。19世紀社会科学を「脱思考するunthink」、それまで自明視してきた考え方をやめて、別の考え方をするということである。

19世紀社会科学はフランス革命の影響下で、「変化の常態性」を受け入れた。またこの社会科学は産業革命をモデルにして「発展development」を中心概念としたことで、第二次大戦後の「開発」の歴史にまで強い影響力を持ってきたという。変化を「進歩」ととらえ、進歩の必然性を強調することで、資本主義世界経済の永続を保証する「非歴史的な時間」を創出してきたことに、ウォーラーステインは着目する。これに対して彼の提唱した**世界システム分析**は、資本主義を「史的システム」としてとらえる見方を対置した点で、19世紀以降の社会科学をunthink＝別様に考えるねらいをもっていたと言うのである。

米ソ冷戦期には第三世界が台頭し、アメリカではエリアスタディが活発化した。対象地域は「いずれ先進国と同様の発展の道をたどる」という、ロストウ的な発展段階論の見方をされた。工業化による右肩上がりの発展の起点を「離陸take-off」ととらえた経済学者ロストウの視座は、イギリス産業革命をモデルとした。1960年代にこうした発展主義は批判され、（フランク、アミンらの）従属理論から世界システム論が、この見方を乗り越えていく。

2　なぜ長期の歴史を扱うのか——発展段階論の乗り越え

ウォーラーステインは世界システム論で、15世紀末以来の長期の歴史を扱っている。しかも一国中心でなく、国家間・地域間の関係・比較を通して世界システム全体をとらえる。歴史のプロセスと関係性を重視する点で、ゾンバルト、川北、エリアスらの仕事と重なる。

社会学（理論）にはこれまで、A→B、もしくはA→B→C、といった**発展段階論**の形をとる説明が多かった。典型的なものが「前近代→近代」「伝統社会→近代社会」「村落共同体→市民社会」と、「第一次産業→第二次産業→第三次産業」のパターンである。中心軸が農業から工業へ移ることと、前近代から近代への移行とが対応し、その転換点には工業化がある。その転換の後から今日までの時代を**「近代」**と称し、社会学はこの近代の社会を扱う学問として、自らをアイデンティファイしてきた面が強い。こうした歴史のとらえ方の特徴として、**工業化**を歴史の劇的な転換点として強調する傾向があり、そのため生産中心の観点から、変化や革命を重んじることになる（産業革命・フランス革命など）。戦後の日本ではマルクスやウェーバーの影響も大きく、焼け跡の廃墟から復興と成長を一からやり直した経緯もあり、この見方が強くなったのかもしれない。

だがこの工業化・生産中心史観は、歴史的事実と整合しない面も多いことが明らかになる。18～19世紀の工業化に先立ち、ヨーロッパを中心とした商業・金融のネットワークが形成され、ゆっくり近代・資本主義を形成してきた。工業化や産業革命はある時期に短期間で劇的に生じたというより、それを可能にしたゆるやかな先行する流れがあり、これらはより長い歴史に位置づけなおされてきた。近代資本主義の発達は、少なくとも15世紀末、コロンブスの新大陸発見までさかのぼる必要があるとウォーラーステインは主張する。

社会学・社会科学はこれまで長らく、革命・政変・戦争・外圧等による歴史の断絶・切断・非連続を、重く見すぎる傾向があった。本書第2部の一連の章では、長期の歴史プロセスをとらえる見方を彫琢することで、時代間の連続性を見出していくことも重要だと考えている。特に社会学は近代以降の社会変動に注目してきたが、むしろそれに先立つ近世（初期近代）の時代に、近代を動かす要素・原理が出そろっていたことで、近代化がスムーズに進んだ面も見ていくほうがよいだろう（日本の場合は明治に先立つ安土桃山〜江戸時代）。このような観点から、以後の章を掘り下げていくことにしよう。

3　世界システム論の知られざるトータルな厚みと面白さ

ウォーラーステインの著作は翻訳だけでも実に多数あるが、以下ではやはり彼の最も代表的な作品である『近代世界システム』全4巻を取り上げ、かなり簡略になるがエッセンスを抽出して伝えてゆく。その前に、この著作の経緯について私なりに補足しておきたい。

私が大学生だった1990年代初頭、ウォーラーステインを経済史の授業で習い、本も買って読んだ。当時、『近代世界システム』はまだ第1巻しか翻訳されていなかった（原書は74年、翻訳81年刊）。冷戦崩壊の衝撃とも相まって、彼の仕事は脚光を浴びていた。彼の世界システム論の一般的な理解やイメージは、この時期におおよそ確定したように思われる（90年代前半のブルデュー『ディスタンクシオン』『再生産』と同様）。『近代世界システム』なら第1巻と、93年翻訳刊行の第2巻（原書80年）までだろう。第3巻は原書89年、翻訳97年。最新第4巻の刊行は、原書2011年、翻訳13年と、まだ最近である。概説書や事典に出てくるウォーラーステインの解説は、第1〜2巻あたりの知見を簡潔にまとめたものが多い。第4巻までのトータルな『近代世界システム』の全貌が明らかになったのは、日本では13年以後にすぎず、実はまだそれほど知られていない。

私も実際そうだったのだが、ウォーラーステインの仕事をすでに過去の遺物のようにみなしている人は多いのではないか。その場合は、1・2巻における16〜17世紀のヨーロッパ世界経済の成立とヘゲモニー国家の確立が、中心的なイメージになり、経済史家としてのウォーラーステイン像に限定されてしまう。だが3・4巻も合わせてきちんと読めば、18〜19世紀、フランス革命や社会科学が果たした政治的・イデオロギー的な役割などの記述も含めて理解でき、この一連の仕事の本当の意義やエキサイティングな面白さが、存分に味わえる域にまで到達する。単なる経済史の議論にとどまらない、社会学者としてのウォーラーステイン像が、よりトータルに浮かび上がってくる仕掛けになっているのである。

そのため以下では、『近代世界システム』全4巻の概要・エッセンスを、独自に整理して伝えてゆく。まずは全体像の把握が肝要なので、私の主観や考察を極力入れずに整理するが、もちろん私の知識・関心の度合いや方向性により、偏りや制約も生じてしまう。関心をもった人はぜひ、自分で本を直接手にとって読んでみてほしい。

4　『近代世界システム』全4巻のエッセンス

『I　農業資本主義と「ヨーロッパ世界経済」の成立』

15世紀末~16世紀初頭、**ヨーロッパ世界経済**が出現した。**帝国**が政治単位なのに対し(古代の諸帝国や中国の歴代王朝)、**世界経済**は経済上の統一体・分業体制であり、政治的には統合されていない。ヨーロッパだけが資本主義的発展のコースへ踏み出し、他の世界経済を圧倒してゆく。**国民国家**は西欧では13世紀から存在し、それらの**インターステイト・システム**を前提に経済的・軍事的な競争が行われ、ヨーロッパ世界経済は展開していく。

封建制が経済・政治面(貴族内紛・農民反乱)で危機に陥り、ヨーロッパは地理的拡大へと向かう。ポルトガル人が探検で求めたのは香料・宝石、高級奢侈品だが、長期的には奢侈品より基礎商品、食糧と燃料のほうが経済活動を推進した。ヨーロッパ世界経済は16世紀末までには、スペイン・ポルトガルが支配を確立した中南米の新世界を含んでいた。

資本主義的なシステムは、「全世界を覆う商業網と市場」(マルクス)が成立した16世紀に誕生した。他の生産様式も、資本主義から派生する政治的・社会的枠組みへの適合を強いられていく。世界経済は、**中核・半周辺・周辺**という3つのエリアの国際分業体制からなる。発展は不均等発展の形をとり、中核に有利に、周辺に不利に働く。ウォーラーステインは、アフリカの奴隷を使った大西洋諸島での砂糖きびプランテーションや、東ヨーロッパの再版農奴制に注目し、それらをヨーロッパ世界経済の「周辺」地域に位置づける。従属理論で有名なフランクは、(先進国の)開発された経済と(貧困国の)低開発状態は楯の両面だと指摘する。

地理的な拡大とともに経済も発展したが、格差も拡大した。資本主義は単一の国民国家の枠内よりも、世界経済における分業体制によって成立した。

絶対王政の成立期は、ヨーロッパ世界経済の成立期と一致している。16世紀には国家が経済活動の主役、最大の企業者であった。宮廷の奢侈は、経済に重要な役割を果たした。軍事技術の発達で中世以来の騎士は時代遅れになり、大量の歩兵を統率できる中央政府の力が強まった。強固な国家機構をととのえるため、国王は官僚を金で買う売官制をとり、常備軍も傭兵を雇った。国民国家の形成は資本主義の勃興と結びついていた。絶対王政の君主権は、実際には絶対的でなく、かなり制約されていた。強い国家を確立するため、ナショナリズムが利用され始めた。プロテスタントとカトリック、宗教の新旧論争は、強い国家の形成と資本主義システムの成立と結びついた。北西欧の進歩は東欧や南欧の退化とセットであり、宗教の両派はヨーロッパを地理的に二分した。

16世紀にスペインは、新世界に広大な帝国を形成したが、莫大なコストから、世界経済のほうが有利となる。16世紀後半の世界システムの再編の中、中核諸国は周辺の搾取をめぐって争った。ヨーロッパのバランス・オブ・パワーが確立し、諸国は世界経済で利益を見出した。オランダはバルト海貿易の中心から世界の貿易センターへと飛躍し、アムステルダムは商品市場・海運の中心・資本市場としてヨーロッパの中心になった。オランダ商人の自由貿易に基づく活動が、ヨーロッパ世界経済全体を動かした。イギリスでは毛織物工業が発達し、主要な輸出品となり、海外市場の開拓は不可避となった。イギリス最大の地主、国王の経済力と政治権力は強まった。国家機構は、伝統的に高い身分をもつ貴族と、商品経済に順応して勃興してゆくブルジョワ、相争う二大勢力の戦場となった。宮廷は、階級間の仲介者でもあった（→エリアス）。

ウォーラーステインは、ヨーロッパ世界経済の内部に取り込まれた周辺地域と、外部世界を区別する。新世界は植民地としてヨーロッパ世界経済に含まれたのに対し、アジアはまだ含まれず、ヨーロッパにとっては外部の世界で、貿易拠点にとどまった。世界経済の地理的境界は力関係で決まり、移動に要する時間も影響する。新世界や東欧では、わずかな力で巨額の余剰を収奪しうるシステムがつくりあげられた。

『II　重商主義と「ヨーロッパ世界経済」の凝集 1600-1750』

近代世界システムの資本主義的な世界経済は、経済の拡大（A）局面の「長期の16世紀」に起源をもつ。17世紀は収縮（B）局面に入るが、単なる停滞や後退でなく、不均衡が拡大した時代であった。また収縮に対応して国家機構が強化され、世界システムにとっては危機でなく、むしろ中身を安定させる凝集の期間となった。

1600-1750年の時期は重商主義の時代と呼ばれ、経済的ナショナリズムの政策を含んでいた。オランダは、ヨーロッパ世界経済において初のヘゲモニー国家になった。ウォーラーステインの言う**ヘゲモニー国家**とは、工業（生産）・商業（流通）・金融業において他国を圧倒する力をもった国であり、歴史上、17世紀中期のオランダ、19世紀中期のイギリス、第二次大戦後～ベトナム戦争期のアメリカの3つのみであった。だがヘゲモニーはうつろいやすく、確立すると崩壊が始まる。オランダは繊維産業と造船業で優位に立ち、商業ネットワークを確立し、アムステルダムは世界の倉庫かつ金融市場の中心として栄えた。

国家の強さを測る尺度には、重商主義（国家の政策がどこまで直接的に援助できるか）、軍事力、財政、効率的な官僚制、などがある。17世紀には戦争が制度化され、資金の確保のため、中核諸国の公共支出の規模は急速に拡大した。

世界経済の下降は、不均質な形であらわれる。大西洋諸島の砂糖の輸出市場は、中核国の需要が高まったので拡大した。中核列強は、周辺地域に先取権的な支配権を確立するため激しく競争し、植民地戦争を繰り広げた。重商主義的な立法は、本国の製造業者と再輸出商人の保護を目的とし、周辺地域の一次産品生産者を益することはまずなかった。資本主義世界経済における階層的な分業体制は、空間的にも配置されている。スペイン・ポルトガルなど、中核と周辺の間にある半周辺諸国の多くは、17世紀には没落を余儀なくされた。北アメリカは世界強国の植民地で、本国から充分に距離があり、木材を造船業に利用できたので、経済的に有利な条件に恵まれ、半周辺の立場になりえた。のちに独立し、大工業国家に成り上がれる条件が生まれていた。

1689-1763年の英仏戦争で、イギリスは未曽有の額の戦費を必要とした。１００年におよぶ抗争に勝利を収めたイギリスは、オランダのヘゲモニーの継承権を得た。１７５０年以後、世界の穀物生産者の役割から、工業生産へとより特化していく。イギリスはオランダに対し立場を逆転してゆくが、金融ではオランダの優位は維持された。イギリスは公債を発行し、安いコストで財政基盤を確立できた。イングランド銀行も創設され、オランダ金融業界もイギリス国債に強い関心を示した。オランダ人の投資のおかげでイギリスは高い信頼を保ち、混乱を最小に抑えながら戦争を戦えた。

『III 「資本主義的世界経済」の再拡大 1730s-1840s』

ウォーラーステインは1730-1840年の時代を、ブルジョワ革命と産業革命のどちらにも依拠せず説明しようとする。「工業の勃興とブルジョワの勃興」は、19世紀の歴史学や社会科学が近代世界の説明に用いた二つの見方である。18世紀末〜19世紀初頭、産業革命（イギリス）とブルジョワ革命（フランス）という決定的な変化が起こったというのが従来の支配的見解で、変化や断絶を強調してきた。またこの歴史観は、成長や自由、生産を押し出してきた。産業革命に関する議論は、なぜイギリスで最初に産業革命が起こったか、という問いに集中し、ロストウのいう「離陸」の原因をイギリスにさぐった。

イギリスの産業革命が、政府の援助なしで自然発生的に起こったという通説に反し、当時の政府は介入を行い、私企業の成功を助けてきた。産業革命とは何だったか。そもそも産業革命は存在したのか。イギリスの絶対的特徴からでなく、世界経済のなかの相対的な位置づけによって、その優位は説明されねばならない。世界経済全体がこの時期なぜ発展したか、なかでも利益のあがる経済活動がなぜ特定の国に集中したか、という問題である。

一方でフランス革命については、「ブルジョワによる貴族社会の打倒」が通説だが、実際には貴族とブルジョワの区別はあいまいだった。決してそれ自体が歴史の転換点などではなかったと、ウォーラーステインは言う。資本主義世界経済の枠組みでいえばフランス革命とは、上部構造としてのイデオロギーが、下部構造としての経済のあり方にようやく追いついた瞬間であった。フランス革命のプロセスは、近代世界システム史上初めて、本格的な**反システム運動**を民衆によって勃興させ、以後の反システム運動の精神的基礎となった。この革命は、近代世界システムに必要なショックを与え、文化・イデオロギーを経済的・政治的現実に追いつかせる役割を果たした。資本主義世界経済が成立してもそれまでの数世紀間、イデオロギー的には封建制のままだったからである。

1792-1815年の英仏戦争は、イギリスの綿織物工業の比率を高め、工業におけるイギリスの優位を決定的にした。戦争後、イギリスは本当の意味で世界システムのヘゲモニーを握り、金融センターにもなった。ヨーロッパを中核とする世界経済は、新たに広大な地域を組み込んだ。かつて外延部だったインド亜大陸・オスマン帝国・ロシア帝国・西アフリカは、18世紀後半~19世紀前半に組み込まれ、世界経済の周辺へと化した。西アフリカでは、奴隷貿易の拡大そのものが世界経済への組み込みであり、分業の一部をなした。アメリカ独立戦争と産業革命の結果、西インド諸島の砂糖植民地は、イギリスにとって無視しうる存在になり下がった。砂糖が激しい競争にさらされ、過剰生産が問題になった結果、奴隷制度廃止の立法が行われた。輸出品としての奴隷は、原材料輸出にとって代わられた。西ヨーロッパとインド亜大陸に販路をもっていたインド綿工業は抑圧され、イギリス産綿布の輸入とインド産綿花の輸出に置き換えられていく。インドは、史上最大の広さと人口規模をもつ地域が植民地化された。世界経済に組み込まれることでその国家は、「インターステイト・システム内国家」に変身し、モノ・カネ・ヒトの国境を越えた流れが恒常化する。多数の資本主義国家が存在したのでなく、単一の資本主義世界システムが作動し、そのインターステイト・システム内に国家は位置づけられた。

イギリスがヘゲモニーを獲得すると、世界経済の開放性を極限まで高めようとした。これは「非公式帝国」と呼ばれ、植民地化をともなわない帝国主義であり、植民地でなく商業ネットワークを張りめぐらせた。イギリスは北米の植民地人には、帝国維持のコストを負担させようとし始めたが、植民地の反対にあい独立戦争に発展した。だが独立後のアメリカが経済的利益を獲得するのは難しく、戦争は経済、特に製造業には革命的な影響を与えなかった。合衆国はイギリスに対し貿易面で従属したままで、合衆国を経済的衛星地域として維持できたイギリスは、喪失によってむしろ得をしたのであった。一方で合衆国は、定住白人の独立のシンボルにもなった。個人の自由と平等の問題をいかに解決するかが重要となった。だが先住民は議論の外におかれ、黒人は生産過程に不可欠な労働力とされ、奴隷制度は南部に押しやられた。独立戦争の社会的含意はあいまいで、両極分解はその後も進行した。南北アメリカの白人定住者は国家を樹立し、インターステイト・システムのメンバーとなり、イギリスの政治的・経済的指導下におかれた。18世紀末の一連の大革命、産業革命・フランス革命・南北アメリカの定住者独立は、資本主義世界システムへの挑戦ではあったが、結局は世界システムの統合強化を帰結した。

『Ⅳ　中道自由主義の勝利 1789-1914』

この巻でウォーラーステインは新たに、**ジオカルチャー**という概念を導入する。「世界システムの全域でひろく受け入れられ、以後の社会的行動を制約することになる一連の思想、価値観、規範など」（p.7）のことであり、「ジオポリティクス（地政学）」に対応している。

フランス革命・ナポレオン時代のジオカルチャー上の遺産は、政治は変革されて当たり前という考えと、主権が君主・立法者ではなく「国民」にあるという考えが広まったことであった。ウォーラーステインは、対立する利害のギャップを埋めようとする試みを「イデオロギー」と呼ぶ。イデオロギーとしての自由主義は、フランス革命の結果であった。フランス革命で生じたジオカルチャーの変化への最初の反応は、革命への反動としての保守主義であった。民衆にも改革への幻滅がつのり、保守主義は力を保った。自由主義は近代的という意識を前提とし、保守主義の対極として自らを定義した。政治的には左翼や中道左派として始まったが、支持と権威を得るにつれてその面を弱めた。19世紀には中道化するが、中道とは抽象的なレトリックで、両極を都合よく定義すれば、人はいつでも自分を中道に置ける。その意味で中道自由主義とは超戦略、メタ・ストラテジーであった。

自由主義は決して、夜警国家やレッセ・フェール、反国家主義ではなかった。自由主義はいつでも、個人主義という皮をかぶった、強力な国家のイデオロギーであった。フランス革命後に崩れた国家の正統性を生み出したのが自由主義であった。保守主義・

自由主義・社会主義は、近代化と変化の常態化に対する3つの姿勢であった。3つのイデオロギーのうち、最後に形成されたのが社会主義であった。社会主義が自由主義とちがったのは、進歩には大きな支援が必要という確信があった点である。19世紀には何通りのイデオロギーが区別できたか。保守主義も社会主義も、自由主義に近づき、結びつき、含まれてきた。結局1789年以後は、自由主義が唯一の真のイデオロギーとしてあり、1848年以後には世界システム上の文化へゲモニーを確立した。

フランス革命は、主権が絶対君主でなく人民にあるという透明な立場を表明したが、「人民」とは誰のことか、については合意がなかった。1815年に長い英仏抗争が終わると、両国は自由主義国家のモデルを創出し、人民主権の概念とナショナリズムが、政治のなかに根づいていった。自由主義は急進派のイメージを脱ぎ捨て、テクノクラート的な改革の道を歩み始め、保守主義・保護主義と結びついた。保守党は国王と貴族の党から脱し、イングランドの党に変身していく。中産階級を取り込み、自由主義の国民国家を確立した。普通選挙制度は、市民権の全市民への拡大を伴ったが、中産階級が市民権を得ると、労働者階級の要求を封じ込めることに注目が向けられた。絶対王政の国家は強力ではなく、弱体な国家が強くなるため組み上げた足場にすぎなかった。発達した官僚機構と民衆の黙従を確保した強力な国家が建設されたのは、1789年以降の世界システムにおいてであった。官僚機構は、経済成長に不可欠な補完物であり、資本家たちは、労働者の不満から自分たちを守ってくれるのは強い国家だと気づいた。

世界経済の最強プレイヤーであったイギリスは、貿易をできる限り自由にしておくことを求めた。自由主義的介入主義というべき強者の立場であった。インドを綿織物輸出から原料綿花の輸出へ、強制的に転身させたことで、イギリスは自由貿易を存分に利用できた。自由主義をヨーロッパの基本イデオロギーとする国際秩序を構築した時代は、たえまない植民地戦争の時代でもあった。理論的には自由主義者たちは、植民地主義には反対したが、J・S・ミルのような民族自決の支持者でさえ、それに「適性」という基準を設けた。

自らが優位を保てる自由主義の世界秩序をつくりだす英仏の試みは、成功と同時に失敗でもあった。ドイツとアメリカの台頭を呼び込んだからである。植民地の独占を維持できず、どの国も自由に争奪に参加できる形に変えていくことになった。他方で近代世界システムに、自由主義のジオカルチャーを押し付けることには成功した。イギリスは、ヨーロッパにおける優位は崩れ始めたから、帝国としての役割に代償と勢力回復を求めた。

中産階級が恐れていた危険な階級、特に都市の労働者階級が、民主主義を要求し始めた。経済成長・資本蓄積を図りながら、危険な階級をおとなしくさせておくため、彼らを市民として取り込み、帝国主義による経済的利得のごく一部を分け与える改革が行われた。

フランス革命は、すべての人を「市民」と呼ぶべきだとした。それは、国民を包摂するためにつくられた言葉であった。だがあまりに多くの人々が市民になって、特権と優位を享受した少数者は、つねに市民権を狭く解釈しようとしたのが19世紀だった。能動的市民と受動的市民が区別され、前者の条件が考えられた。その区別を正当化するため、二項対立的な用語が生み出された。身分・階級・ジェンダー・人種・民族・教育などの昔からある区分を、建前上は全市民に認めた権利を制限するのに活用していった。ブルジョワ／プロレタリア、男／女、成人／未成年、扶養者／妻、マジョリティ／マイノリティ、白人／黒人、ヨーロッパ人／非ヨーロッパ人、教養人／無教養な人、熟練職人／非熟練労働者、専門家／アマチュア、科学者／素人、異性愛／ホモセクシュアル、健常者／障害者、文明／野蛮などの対概念は、資本主義世界経済の文化の基礎となった。いまや近代世界の主流のイデオロギーとなった自由主義において、徳は教育によって獲得できると主張された。

市民権について3つの具体的な争点は、女性と黒人と労働者であった。社会・労働運動がフェミニズム運動の正当性を受け入れ難かったのと同様に、フェミニズム運動も、民族・人種運動による能動的市民の権利要求を受け入れ難かった。それはまるで、乗船希望者全員を載せられない船のようであった。支配階層からすれば、女性の権利も黒人やエスニック・マイノリティの権利も、本質的に異なるものではなかった。

人間は平等ではないという昔ながらの普遍的現実に対し、19世紀には新たに平等を正当化するレトリックと、集団統治の基礎として「市民」概念が創出され、中道自由主義のイデオロギーの中心命題となった。市民権の概念は、つねに誰かを包含しつつ、同時に誰かを排斥していた。アイデンティティ確認のための一連の概念装置は、19世紀に生まれた。フランス革命後、誰が権力と富への権利をもつか、誰がもたないのかの線引きによって、権力をもつ者のアイデンティティの確立が重要であった。「西洋」概念も、「その他の世界」概念より先に生まれ、後者を生み出した。概念は組織に先行し、組織を生み出したが、概念を制度化したのは、組織であった。19世紀以前にはアイデンティティは身分の問題であったが、新しいカテゴリーは、近代世界の新たなジオカルチャーのしるしであった。

フランス革命後の世界システムのジオカルチャーの基礎として、中道自由主義が勝利していくなかで、新しい知的分野として歴史的社会科学が創出された。変化が常態であり、主権在民という考えが主流となるなかで、正常な変革をもたらす方法を理解することが統治者の喫緊の課題となり、そのために社会科学が発明された。19世紀の大学では専門化が称揚され、研究型の大学が勃興するが、それは近代国民国家の勃興と深く結びついていた。

5　織り込み済みだった意外な展開

以上が全4巻それぞれに分け入ってのエッセンスである。4巻本の構成や内容がどうしてこうなっているのか、3・4巻がなぜ経済史を薄め、身分・階級・人種やフランス革命後のイデオロギー、社会科学の形成にまで焦点を移していくのか、わかりにくい面もあるかもしれない。当初からの予定変更を、否定的にとらえる論者もいる。

だが、すべては彼のなかで織り込み済みの展開でもあった。扱う時代は変わっても、1・2巻と同じスタイルの叙述をしては、わかり切った知見の反復になってしまう。それに実際、16〜18世紀で世界経済の立ち上げと確立が進んだ後、1789年のフランス革命以後の世界システムでは政治やイデオロギー、知識の次元が資本主義経済の次元に追いついていくことが主要テーマとなり、比重も移っていく。第4巻でジオカルチャー概念が導入されたのも、その意味合いがあった。巻を進むにつれて歴史学プロパーの人たち、特に経済史家の期待をいい意味で裏切ったのは、まさに世界システム論者ウォーラーステインの真骨頂でもあったといえよう。今後予定する全6巻、２０５０年の未来（！）までの世界システム論の構想は、85歳をすぎたいまなお未完だが、他の著書を読めば未完の部分もかなり具体的に書かれており、すでに存分に展開されてきたとも言える。

6　関係論的思考としての世界システム論

さて、以上の知見をふまえ、なぜ世界システム論のような見方が必要なのか、その意義や効用はどこにあるのか。前章で取り上げた川北稔の知見も借りて、再び考えてみよう。

従来の一国史観は、各国が同じ発展のコースをたどるという発展段階論と結びついていた。川北は、戦後日本では単線的な発展段階論の歴史観が、特に強い力をもったという（川北 2016: 24）。先進国イギリスに対し日本は３００年ほど「遅れている」とみられ、イギリス型の発展が日本の近代化のモデルとして研究されてきた。

だがそもそも、各国は個別に単線的発展のルートをたどるのでなく、互いに影響関係にあって作用・反作用しあう。たとえば「先進国／途上国」の図式で、「イギリスは進んでいるが、インドは遅れている」と考えがちだが、「イギリスは工業化されたが、インドはされなかった」のではなく、「イギリスが工業化したので、その影響をうけたインドは、容易に工業化できなくなった」（同 p.26）。インドの綿織物工業は、当初イギリスより発展し、イギリスに製品を輸出していたが、イギリスが輸入代替策として綿織物工業を大きく発展させ、そのあおりを受けたため、インドは綿花生産へとモノカルチャー化を強いられていった。南北問題は、単純に「北」が進み「南」が遅れているという話ではなく、単一の世界システムに包摂された中で、「南」は「低開発化」された。世界システムの見方を導入することは、一国中心的な見方を脱して、関係論的思考を推し進めることでもある。

7　理念型の問題――身分と階級、貴族とブルジョワ

「近代社会」「工業化」やA→B→Cの発展段階論の思考には、ウェーバー的な**理念型**、類型化にまつわる問題がある。現実に

はそう明確に分けられないものを、議論や比較をしやすいよう、概念上あえて分けるというのが、ウェーバーの言う理念型のはたらき、効用とされた。とはいえこうした理念型は、単なる方法的な道具にとどまらず、歴史や社会を理解する際の内容をかなり実質的に規定し、単純化するよう方向づけた面も否めない。

たとえばその典型が、身分と階級の区別であった。ウェーバー『経済と社会』では、身分と階級のちがいが明確に示され（『支配の諸類型』207-217）、身分制は前近代的なもの、階級は近代的なものに位置づけられ、これこそ理念型による類型論だと言える。だが実際の歴史はそれほど単純でなく、身分と階級のような二項対立的な区分は、複雑に入り混じってきた。そのことが歴史や近代、資本主義をどう見るかという問題にも直結してくる。

近世～近代ヨーロッパでは、（伝統的に高い身分をもつ）貴族と（商品経済に適応し成長する経済人の）ブルジョワは、激しく相争うことで歴史を動かしたと言われる。貴族は身分的立場を、ブルジョワは階級的立場を表す。だが実際には貴族とブルジョワの区別はあいまいで、時代とともに両者は複雑に入り混じっていたことを、ウォーラーステインも繰り返し論じている。単純に身分→階級、封建社会→資本主義社会、という二分法的な移行では説明できないほど、現実のダイナミズムは複雑だったのである。

中世の封建社会では貴族身分と実業家は両立しえず、一般に貴族は商工業活動を禁じられたが、16世紀には貴族も企業活動を行うようになる。逆に成功したブルジョワも地主や貴族になり、明確に区別できなくなる。16世紀イギリスは、貴族とジェントリのような社会層のカテゴリーが一変した階級形成の時代で、当時の人々も社会層の区分に困惑した。身分や階級の線を引く区分自体が固定的でなく、時代や文脈とともに流動的に変化した。

イギリスでもフランスでも、国家は上流階級内部の政治抗争の場となった。彼らの多くは、伝統的な高いステイタス（象徴資本）と経済面の成功（経済資本）という、身分と階級の両方の特質をもち、利害状況に応じて、自分を貴族とも資本家ともみなせた。市場での成功を社会的地位に読みかえていく「貴族化」のプロセスも、たえず行われた。「実際には、この両者は大きく重なり合った社会層であり、支配層を社会的ステイタスとして規定するか、社会階級として規定するか」（『近代世界システム』２巻p.131）

の定義・視点の取り方の差異に還元されてゆく。「二つの異なる集団」という考え方自体が、実態をふまえない非歴史的なものだったのである。

歴史を理念型に還元せず、複雑な歴史のプロセスをそのまま見ていくことも、ウォーラーステインの言う社会科学を unthink する、別様に考えていく営みだと言えよう。

8　ジオカルチャーとしての社会科学——反省性と行為遂行性

『近代世界システム』第4巻でウォーラーステインは、ジオカルチャー概念を登場させた。それは「資本主義世界経済の内面」であり、「世界システムが作動する文化的枠組み」とも定義される（『ポスト・アメリカ』p.36）。

彼が第4巻で社会科学の生成プロセスを詳述したのは、社会科学じたいを近代世界システムや国民国家のジオカルチャーとして位置づけたからであった。19世紀社会科学は基本的に、統治者が支配に役立てる知識体系として要請された。ウォーラーステインが19世紀社会科学の形成プロセスを対象化・客観化してとらえた営みはそれ自体、こうした支配の道具としての学問知の自明な役割から身を引きはがし、社会科学を別様に考える（unthink）企ての一環でもあった。その骨子を簡単に見ておこう。

フランス革命は世界の支配層に、変化の常態性を認識させた。変化を制御し、システムを維持するために編み出された知的制度が、政治学・経済学・社会学・歴史学・人類学・東洋学の6大学問分野からなる「史的（19世紀）社会科学」であったという。これらは法則定立的科学である政治学・経済学・社会学と、個性記述的科学の歴史学・人類学・東洋学に分かれる。前者では市場に関する学問が経済学、国家に関する学問が政治学と分離し、あとの残余領域が社会学の分野となった。これら3つの法則定立的学問に対し、個性記述の歴史学が対置され、社会科学と歴史の分断、現在の記述と過去の記述の分断が生じた。1850-1945年に出版されたこれら4分野の本はほとんど（95％ほど）、5～6つの国（イギリス・フランス・ドイツ・イタリア・アメリカ・その他若干）についての本で、大多数の著者たちは自分の国だけを分析していた。つまり時間・空間においてきわめて限定的であった。これら4学問は世界経済の中心だけを扱っていたので、第二次大戦後には新たに、それ以外の世界を扱う学問分野を開拓する必要から、人類学と東洋学（この東洋は、西洋でないものすべてを意味した）が生まれた。

19世紀社会科学の中心概念は「発展 development」であり、産業革命をモデルとし、「開発」の歴史に影響力をもったことは本章の冒頭でみた。この社会科学は変化を「進歩」ととらえ、進歩の必然性を強調することで、資本主義世界経済の永続を保証する、非歴史的な時間を創出した。非歴史的な時間とは、可逆的で均質的な時間であり、発展主義や自由主義・マルクス主義、ニュートン・デカルトらの科学認識はこうした時間概念を共通して含み持っていた。ウォーラーステインはブローデル『地中海』などアナール学派の仕事から着想を得て、こうした時間像を unthink して乗り越え、資本主義世界経済を長期の「生きられた時間」のなかで、「史的システム」としてとらえていったのである。

90年代以後のウォーラーステインは、世界システム論それ自体から、ジオカルチャーや社会科学の歴史へと軸足を移したと見ることもできるが、むしろ社会科学じたいが近代世界システムのジオカルチャーの一つとして、世界システム分析に位置づけられていた。しかも彼は、「近代世界システムをシステムとして対象化する思考の枠組みは、いつどのように形成されたか」という歴史的な問いにおいて、彼の世界システム論そのものを近代世界システムのジオカルチャーとして、近代世界システムの内部に客観的に位置づけていくのである。その意味で彼は、実に再帰的・リフレクシブな思考を展開している。

ところで、彼がジオカルチャーへの着目に至った契機は、**反システム運動**であった。１９６８年ごろ特に高まった新しい社会運動（社会主義・民族解放に始まり、エコロジー・フェミニズムなどの諸潮流）は、近代世界システムへのトータルな批判と変革を求める社会的・政治的・知的運動であったという。興味深いのはウォーラーステインが、自ら提唱した世界システム論自体を反システム運動として、近代世界システムの内部に位置づけながら、このシステムを乗り越える契機としても見ていることである。世界システム論は反省的であると同時に、行為遂行的・パフォーマティブな言説実践として展開されているのである。

第8章　関係とプロセスの社会——エリアスの社会学・文明化・宮廷社会論

多田　治

ゾンバルト『恋愛と贅沢と資本主義』を検討した6章では、ヨーロッパ初期近代に宮廷社会が果たした重要な役割を見た。そこで本章では、宮廷社会論の主要論者、ノルベルト・エリアスの社会学を取り上げてみよう。

1　注目されてこなかったエリアスの仕事

エリアスはデュルケーム、ウェーバーの後をうけ、ブルデューらへの橋渡しをした点で、社会学史・理論等への貢献と影響力は大きい。ところが日本ではゾンバルトと同様、あまりにも注目されてこなかった。その理由の一つには、ヨーロッパの中世〜近代初期の彼の文明化や宮廷社会の議論が、日本ではリアリティや関わりを感じづらいことがあるだろう。日本の社会学者のエリアス研究は、わずかに数えられる程度で、あとはスポーツ社会学や感情労働論への応用がみられる程度である。そこで本書では正面からエリアス社会学のエッセンスを抽出し、理論的・歴史的な諸研究への展開可能性を引き出しておきたい。

ところでエリアスの文体は、ブルデューやルーマンなど他の論者と比べても難解ではないのだが、淡々として平坦で、繰り返しも多く冗長な文章だ。それも彼の仕事が日本の社会学でスルーされてきた一因かもしれない。だがゾンバルトやウォーラーステイン、ブルデューらとの近さや重なりを考えても、示唆深い知見を与えてくれることがわかるだろう。ただし、エリアスの著作は邦訳だけでも多数あり、また主著の『文明化の過程』や『宮廷社会』だけでも分量が多く、論点も多岐にわたる。そこでまず本章では扱うテキストを便宜上、『社会学とは何か』序論、『宮廷社会』序論、『文明化の過程』まとめ、の特にエッセンスを凝縮した3点にしぼって知見を整理し、そのうえでコメントを加える形をとる。

2　エリアス社会学のエッセンス

2-1　社会モデルの転換

エリアス『社会学とは何か』の編者の序言によれば、過程でしかないものを物象化して「もの」化してしまう性質を我々の思考・言語はもっており、本書はこれをかいくぐっていくという。人々のネットワーク形成の連関の「意図されざる性質」を理解し、その盲目性を打破するには、社会学的思考が助けになると指摘する。

エリアスは、人々が自分と社会の関係について考える際のイメージは、図８-１のような形をとるという(p.2)。「社会的構成物は概念上、あたかも一個の『私』のあちら側の外部にある対象が問題であるかのように把握されている。」(p.3) 一個人と社会を対置させ、個人が社会に囲まれ、社会と壁によって隔てられているイメージだ。エリアスはこれを、図８-２のように転換するよう提唱する。一個人でなく多数の個人がいて、相互依存のネットワーク、**関係構造**を形成している。「図２の重大な役目は、社会学のモデルや概念の転換を促すことである。」(p.4) 私・我々は半自律的な単位であり、完全に自律的ではないことを、より気づかせてくれる。こういう図やモデルの作り方は、人間・社会のどういう面を際立たせ理解させてくれるかという点で、重要なのだ。

我々が個人と社会の関係を考える際、社会的構成物は人間に強制力をおびるため、科学的省察においても物象化・非人間化してとらえられる傾向がある。しかも科学では、物理-化学的な自然界への思考・言語表現を、人間社会にも転用してきた。エリアスによれば科学以前の段階では、自然界の認識にも人間社会の経験がモデルにされた。だが科学が発達すると逆

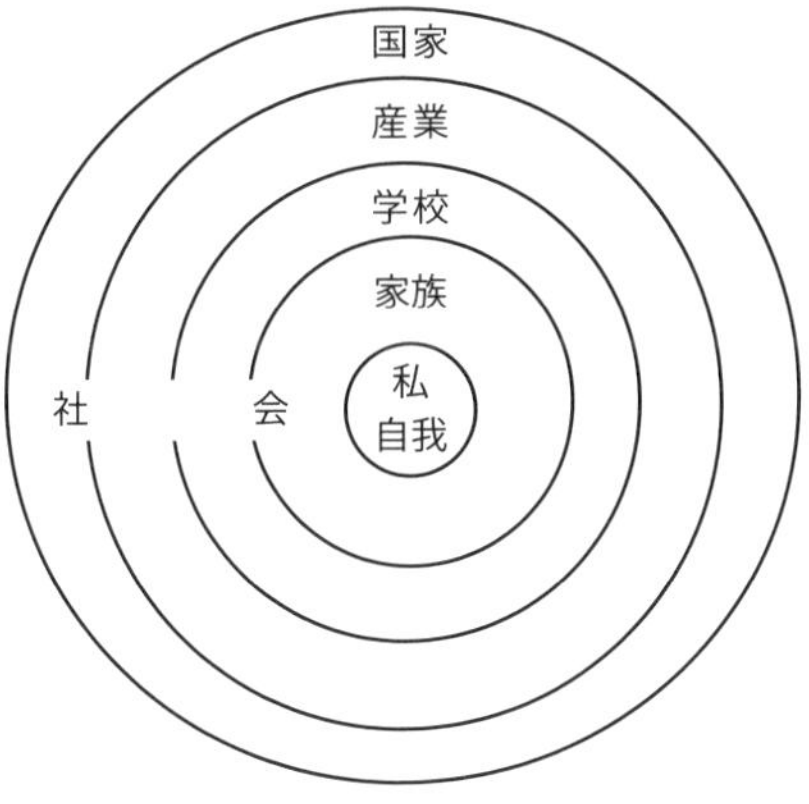

出典：『社会学とは何か』ノルベルト・エリアス著／徳安彰訳
法政大学出版局、p2より引用、作成

図8-1　自己中心的な社会像の基本図式

に、自然界の説明モデルが人間社会に適用されるようになったという。

我々は、図8‐2のような人間社会の関係構造にもとづく強制作用を説明できねばならない。だが実際、社会をめぐる思考やコミュニケーションに使用できる言語表現の装置は、図8‐1のような自己中心的な神話的‐呪術的モデルか、自然科学的モデルしかなく、そうした思考様式や言語表現が充分に吟味されないまま使われていることを、エリアスは指摘するのである。関係構造や強制作用の解明だけでなく、「社会的な関係構造の特色をより正しく表現する別の言葉や概念を徐々に開発していくこともまた、社会学の課題である。」(p.8)

関係構造から生じる社会的強制力を言葉で思考し表現する際にも、言葉や概念じたいに逃れがたい社会的圧力が含まれ、派生する。農村・都市・経済・政治・家族・国家・集団・社会など、名詞の多くは発するやいなや、人間の外部にある実体、「すべての人間から独立に存在している物理的対象」(p.11)のように立ち上がってくる。こうした慣れ親しんだ思考・表現からの転換は、困難で時間がかかるが重要な課

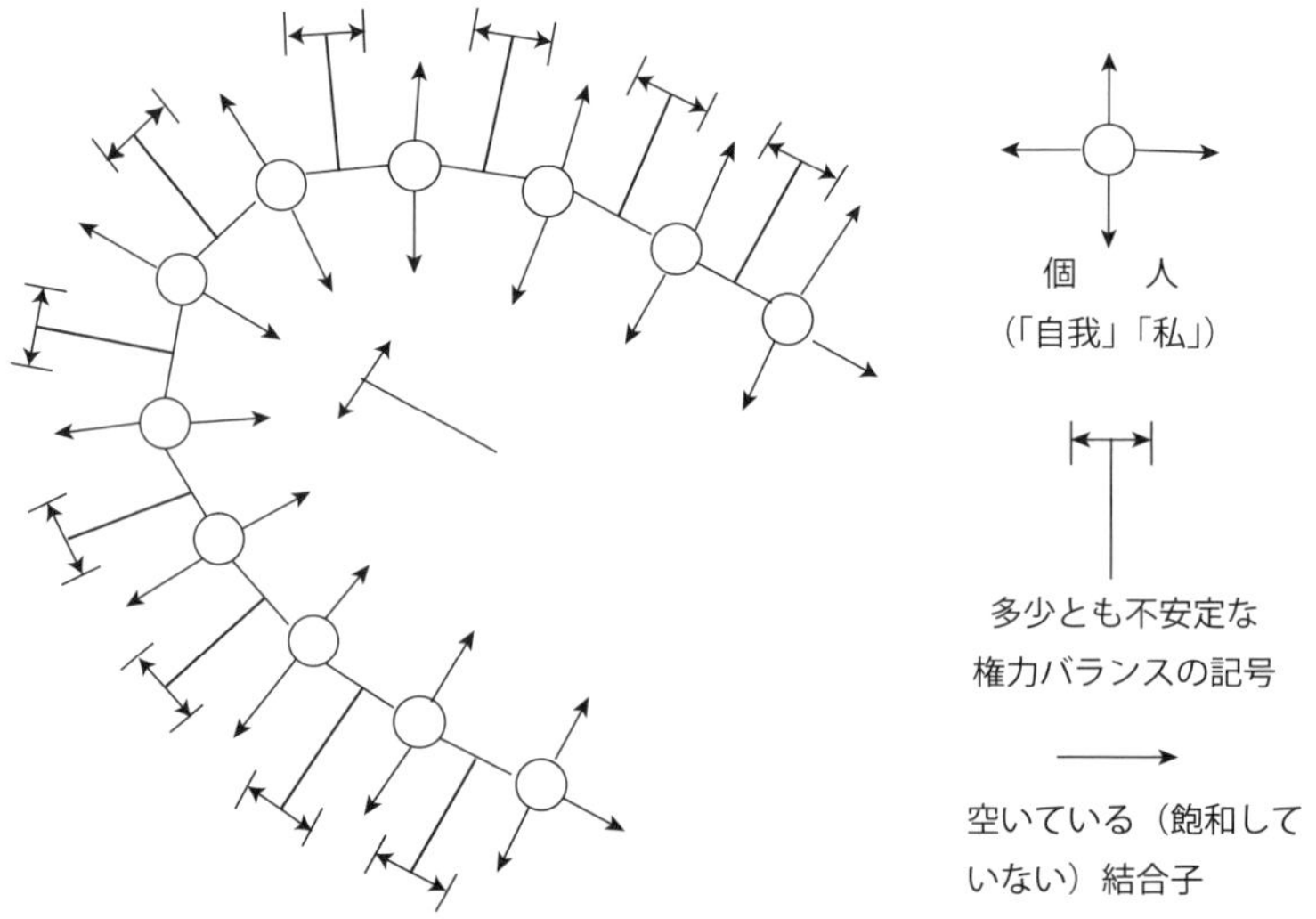

出典：『社会学とは何か』ノルベルト・エリアス著／徳安彰訳・法政大学出版局、p4 より引用、作成

図 8-2 相互依存する諸個人の関係構造
(「家族」「国家」「集団」「社会」など)

題だという。

例えば原子爆弾や科学兵器の脅威を語るとき、その脅威は一見わかりやすい。だが実は、恐るべきはテクノロジーが生み出した「物自体」ではなく、人間が社会構造の中でそれを使用したり配置したりする行動の方なのである。破壊的なのはテクノロジーやその生産物ではなく、それらを動かす人間自身のネットワーク形成の力こそが破壊的であり、危険をはらんでいる。だから肝要なのは、「人間が相互に形成するネットワークつまり関係構造を捉えるような方向に、社会学的想像力と社会学的思考を発展させる手助けをすること」(17-18) だとエリアスは言う。原子爆弾などのテクノロジーに人々が感じる恐怖や不快の真の社会的根拠は、わかりやすい外観のもと、むしろ隠蔽されてしまっている。

人間の外部にある自然現象を事実に即して科学的に認識する能力は、著しく高まった。対して人間社会への事実に即した認識能力はまだ低く、両者の間にはズレがある。社会生活では自己中心的・自民族中心的な空想的説明が、根強くはびこっている。例えば中世においてユダヤ人はペスト発生の元凶とされ、大量殺戮された。ナチズムにおける国家社会主義の神話も同様である。物理的‐技術的問題の現実的・事実指向的な克服と、社会問題の空想的解決とは、同時に並存する。

事実に即さない空想・イデオロギー・プロパガンダに、「理性」「合理的」「現実的」といったラベルを貼ることも行われる。こうした営みは、図8‐1のような自己・自国・自民族中心的なイメージに基づいている。統治者たちは、自国の緊急課題に「合理的に」「事実に即して」取り組むと言うが、その認識も多くは図8‐1のような自国中心的モデルに基づき、図8‐2のような社会的ネットワーク形成・関係構造の中に自国を位置づけたうえでの客観的な事実認識が不充分で、未発達である。その不足を、根拠のない信念・慣習・利害で埋め合わせているのが通例だ。

マックス・ウェーバーが考えたように、官僚制は昔に比べ「より合理的」になったと比較級では言えるが、現代の官僚制が「合理的な」組織形態であり、行政官の行動が「合理的な」行動である、とまでは言い切れないとエリアスはいう。人間社会のことは、物理‐化学、生物レベルと同様、我々人間にとって未知であり、ゆっくり発見されてゆくものだが、(日々身近にあるゆえ)

そのことを忘れがちである。我々が「合理的」「現実的」と断定する行為自体が、まだ実相明らかでない社会の特質を含んでもいるのである。

2-2　歴史と社会学

大著『宮廷社会』の序論において、エリアスはヨーロッパの宮廷社会を、国家発展の初期段階として、社会学の興味深い研究対象に位置づける。彼は、宮廷社会に異常なまでの権力が集中していくプロセスを理解するには、「一種の知覚作用の再編成が必要で、それによって歴史的視点から社会学的視点への切り換え」(p.3)が必要だと言う。前者はひとりひとりの個人、個々の国王に光を当ててきたのに対し、後者は同時に国王という社会的地位の発展にも光を当てる。彼はこの序論で、歴史の動態を扱う社会学者の研究とは何か、歴史家の研究といかに異なるのか、その独自の領分を明示しようとする。

エリアスはそれまでの宮廷社会の歴史研究が、一回限りの事象・記述にとどまり、研究の連続性や準拠枠に欠ける傾向を指摘する。綿密な史料研究・証拠固めにこだわりながらも、史料の組み合わせ方と解釈は結局、個々の研究者の恣意にゆだねられてきた。他方で、国家社会の様々な緊張関係や党派的な対立に対して、歴史研究は充分な自律性をもたず、外的な制約・束縛を受けてきたという。宮廷社会はすでに衰退し、産業社会のエリート集団が力をもっているが、「歴史学的社会学的に何を重視し、何を無視するかの選択」(p.12)にも、この上流社会の評価や意向が作用する。宮廷社会の研究も、そうした通俗的な価値観に左右されるが、社会組織や人間関係への洞察の拡大・深化のためには、宮廷社会も事実に即して研究されるべきだと主張する。

歴史記述と社会学の関係において重要なのは、歴史的事件の一回性の問題である。だがこの一回性・唯一性は、別の観点からすれば、同じものの再来と見える可能性がある。「絶えず反復される基本的図式の枠内での個々のものの異質性と一回性」(p.15)、それこそがある種の研究には重要な意義をもつ。事件の一回限りで個性的な相は、反復的な社会的相と、複雑に結びついている。エリアスは、(図8-2のような)人間が相互に形成しあう**社会的図柄**を、歴史の中で反復される現象として提示する。彼は図柄を、ウェーバーの「理念型」を批判しつつ、それと注意深く対比しながら導入する。

「かれが苦心して作り出そうと努力した官僚制や都市や国家や資本主義社会のモデルは人間相互の関係、すなわち、相互に依存し合う個々の人間が形づくる図柄とは全く無関係であった。なぜなら、それらのモデルは研究者としてのマックス・ウェーバーが、全く無秩序なものを秩序づけるだけの目的から、自分の観察材料のなかに仮想したものだからである。それに反してここでいう図柄は、それを形づくっている個々の人間と同じように現実的なものである。」(p.20)

ウェーバーの理念型は、研究者が観察・研究の必要上、概念上作り上げた大まかな人工物であった。エリアスの図柄も、研究者が導入する概念的・理論的なモデルであることには変わりないが、人間の関係性と時系列的な変化をとらえることに主眼をおき、理念型よりも細やかに、現実にフィットしている。

図柄は、個々の人間の生よりもゆるやかな変化速度をもちうる。そのため、長期にわたる社会的図柄の発展は発展と認められず、静止した図柄として、パーソンズ的な「社会システム」として把握されがちであったという。個々の人間の一回性が比較的早い変化速度をもつのに対し、人間が相互に形づくる図柄の一回性は、はるかに緩慢に変化するので、両者の相違や関係が、歴史研究では詳しく具体的に調べられねばならない。

一方で歴史研究はこれまで、国家・集団において権力をもつエリート個人に焦点を当ててきた。だが、そうした力を個人に授けるエリート組織・社会的図柄のほうに、社会学的分析の焦点を移さねばならないという。宮廷社会はまさにそうしたエリート組織であった。

社会的図柄の認識に障壁となってきたのが、個人と社会の「非現実的な二律背反」だ。例えばパーソンズに代表される社会学理論は、個人と社会の裂け目を自明なものとして前提しながら、両者の橋渡しをしないまま、行為理論とシステム理論を展開してきた。

「それは、一方は『社会』を個人の外側に存在するものとみなし、他方は『個人』を社会の外側に存在するものとみなすような、ふたつの政治・哲学的伝統との関連のなかでのみ、説明できる。しかしそのいずれの考え方も虚構であることを本書の読者は知るであろう。宮廷社会はそれを構成している個々の人間の外側に存在する現象ではない。（中略）『図柄』という概念はこのような事情を表現するのに役立つ。なぜなら、従来の用語法では、共同で社会を形成している個人について、あるいは個々の人間で構成されている社会について語るのが困難だからである。」(26-27)

諸個人が織りなす編み合わせとしての社会的図柄は、「個人／社会」の二項対立図式を乗りこえる用語法として導入された。人間一般の「自由」と「決定性」という通俗的な観念は、図柄モデルによって、人間の相対的な自律性と依存性を関係のなかでとらえる視座におきかえられる。しかも「個人／社会」はしばしば、「まるでふたつの異なった、静止した物体」として、「離れ離れに存在しているかのような印象」を与えやすいが、「現実には、これらの言葉が表そうとしているのは過程である。」(p.29)

例えばルイ14世は、一回限りの反復不可能な人物だが、彼が占めた国王という社会的地位は、反復されてもいた。王位を系統的に研究することで、国王の個人的人格と社会的地位の関係を理解できる。また国王の地位を、社会内の他の地位との相互依存関係によってとらえ返すこともできる。系統的な図柄研究により、王位に就いた人物が無制限な絶対的支配者などでなく、細やかな編み合わせの制約内に生きたことが理解できる。

ウェーバーの支配の社会学において、家産制のモデルは粗雑で大ざっぱなものであった（→9章）。「王という仕組み」が、拮抗し合う権力集団においてどう作用するかが、詳細な例証を通じて明らかにされねばならない。「経験的社会学研究で立証されないような社会学理論は無用の長物であり、理論と称されるにほとんど値しないからである。」(p.34)

歴史研究と社会学研究を対等視し、実り多くする際の障壁は、両者に共通する統一的な理論的枠組みが欠けている点だとエリアスは言う。そこで彼の研究は、経験的な歴史研究を理論的考察と結びつける形で提示される。従来の歴史叙述では、個々の人間行動や事例は互いに関連をもたずに積み重ねられてきた。エリアスは図柄・文明化・国家形成・宮廷社会などの長期の過程の社会学的モデルによって、事実に内在する関連を見出そうとした。

2-3　文明化の諸相

エリアスは『文明化の過程』下巻のまとめで、「文明化の理論のための見取図」を詳述している。**文明化**の過程とは、人間の行動や感情の特定方向への変化である。ただしそれは、人間が明確に「合理的に」意図・計画・行動したものではない。人間の相互依存の中から、個人の意志や理性よりもはるかに強制力をもつ秩序が生まれてくる。西欧の歴史において、社会的機能は競争圧のもと細分化が進み、相互依存も深まって、個々人の心理には細かな行動の規制が、自己抑制としてたたき込まれていく。また、肉体的暴力が中央に独占され安定すると、自己抑制を習慣づける社会の**型づくり装置**が確立してくる。ただし平和な地域でも、暴力は適宜変化しながら残っていく。その典型は経済的な暴力・強制である。

貴族が騎士の階層から廷臣の階層に変化したことは、文明化の一例である。戦士は不安定な主従関係のなかで、自分の感情・激情を発散して生きていた。軍隊の集権化が進み、暴力の独占機構が形成されると、たえざる戦争という強制の代わりに、金銭や名声獲得を目標とした穏やかな強制が個々人を覆う。暴力行為は封印され、代わって平均化された社会的圧力が、個々人にのしかかるようになる。

「この圧力は完全に習慣化しているし、個々の人間の行動や衝動のあり方がごく幼少のときからこうした社会構造に基づいて規定されてきているから、しばしばそれが感じられないことが多い。実際に変化するのは行動の型づくり装置であって、すでに述べたように個々の行動様式のみならず、行動の形全体、心理的自己制御の構造もすべてそれに呼応して変化するのである。」（p.345）

ここから想起されるのは、デュルケーム『社会学的方法の規準』における社会的事実の議論であり、型づくり装置がブルデューのハビトゥスと重なることだろう。自己制御は子供に、自動的もしくは意識的な教育を通じて植えつけられる。「そのつど社会的に通用している図式やモデルという意味での自動的に働く衝動自己監視装置」（p.348）が、制御された行動様式や習慣を生み出していく。社会的機能・相互依存の連鎖がより長くなり細分化されるほど、個々人に瞬間を超えたえず過去を振り返り、未来を予測することを強いる。個々の行動が広い範囲に影響を及ぼすので、刹那的な情感や衝動の抑制が求められる。

人間相互の関係のなかで直接現れなくなった激しい衝動や情感は、今度は個々人の心のなかで、自己監視をしている部分に対し、劣らぬ激しさで戦いを挑んでくるという。「恐怖から快感へ、享楽から懺悔への急変といった上下の振動は減少し、『超自我』と『無意識』あるいは『潜在意識』の間の緊張状態といった人間全体を斜めによぎる水平方向の飛躍が増大するのである。」(p.350) フロイト的な精神分析の用語を使っているのがわかる。

西欧に文明化の過程を実現させたのは、大規模な機能分担、安定した暴力・租税の独占機構、広範囲の相互依存と競争が形成された事実であったとエリアスは言う。彼が同時に着目するのは、相互依存の編み合わせに働く「テンポ」、時間意識の発達である。文明化は個々人の自己監視を自動化し、短期的な興奮を、習慣化された長期的視野の掟に従わせる。

はじめにそうなったのは、少数の最上流階層であった。西欧の発展過程で、支配の中枢にある宮廷、その保護下で遠隔貿易を行う商人たちが、積極的な自己訓練を強いられた。相互依存の網の拡大とともに、長期的視野や自己抑制を担う人々の範囲も拡大した。相互依存はより均質化し、下流階層の行動も徐々に上流階層に近づく。一般的に、下流階層のほうが情感や衝動に直接身をまかせやすく、上層に比べ行動の規制が少ない。だが上流と下流の対照の幅は、社会の発展につれて小さくなり、社会的・外的な強制は、自動化された内的な自己制御へと変わっていく。下流の行動様式は中流に近づくが、中流は自分たちを「区別」したい衝動から、自己抑制やタブーを生み出しもする(ブルデュー『ディスタンクシオン』の議論と通じる)。同様に、西欧流に文明化された行動様式は、西欧を越えた広大な地域に広がっていく。それは単に「技術」の普及の問題ではない。エリアスは、技術はシンボルのひとつであり、人間関係や行動様式の広がりの一環にすぎないという。

上流階層が長期的視野や情感規制に慣れることは、他者に自分たちの優位を示す重要な道具であった。だが下流階層が上流にのし上がり競争が激化するにつれて、威信低下への恐怖心や羞恥心、衝動規制はなお厳格になる。文明化の拡大は、差異化と平準化の二重性をもって進んでいく。植民地支配において西欧人は、原住民との間に垣根をつくりながら、他方では自分たちの行動様式や制度をその地域に広めてもいる。浸透・混合が進むと、上流と下流の間の対照の幅は狭まり、文明化された行動様式の変種や多様性が増大する。

17～19世紀には、貴族と市民階層の行動様式の間で相互浸透が進んできた。貴族は王と市民階層の間にはさまれ、より情感抑制を強いられていく。「この自己抑制は同時に威信を表わす価値として、またのし上がってくる下流階層の人たちから自己を区別する手段として役立つ。」(p.371) だが皮肉にも宮廷貴族たちは、その編み合わせに生きるゆえ、自分たちのふるまい方・習慣・趣味・言葉が他の階層に広がるのを止められなかった。

宮廷社会・上流社会の人々は、社会的交際における行動の型づくりやモデル化の専門家になっていく。彼らは社会的機能はもつが、職業はもたない（経済的労働を免れている）からである。君主のおひざ元には、宮廷貴族や貿易商人など、大きな相互依存の編み合わせの糸が集まる。王の宮廷は編み合わせの中心に位置し、そこでは戦士貴族の代わりに情感を抑制した宮廷貴族が台頭してくる。戦士の宮廷化は、戦士が軍事的・経済的な自給自足体制を失い、宮廷を中心とした社会的編み合わせへの依存を強めた結果である。

中世から近代への過渡期、貨幣の使用量が増大し、インフレで貨幣の価値と購買力が低下していく。だがエリアスは、それ自体は新しいことでなく、むしろそのテンポと規模に注目する。量的変化にみえるものはむしろ質的な変化であり、人間関係・社会構造の変化であった。貨幣需要の増大は、諸階層の機能的な相互依存の拡大を表してもいた。有利なのは、貨幣価値が下落するなかでさらに多くの貨幣を獲得できる市民階層や、租税を徴収する王たちだった。名目上同額の収入を得るだけの戦士や貴族は不利で、いっそう宮廷への依存を強めた。宮廷社会は偶然でき上がった集団ではなく、互いにつながり共生する必要性から相互依存が形成されてでき上がった。そうした場全体の歴史と構造、「成立の根拠」の把握を通してこそ、人間関係の編み合わせを理解できるという。

貨幣の影響力で市民階層が勢力を増すと、貴族は上流の威信を維持できず、王への従属に入り込んだ。お金がほしければ商人になれたが、貴族の地位を捨てることになる。市民階層から距離を保ち、貴族の地位や威信を保持することが、彼らの生活に意味と方向を与えた。経済的必要性と威信の必要性、「二種類の動機が二重になって切り離すことのできない鎖のように」(p.388)貴族たちに巻きついていた。社会的威信を失うことへの不安こそ、外からの強制が自己抑制に変わる原動力であった。ここに17～18世紀の宮廷貴族の性格が表れているとエリアスは言う。「何故ならまさしくかれらの枠内では、お金はなるほど不可欠のものであり、富は望ましい生活の道具であるが、全く確かなところ、それはまだ市民の世界でのようにまた威信の中心ではないからである。」(p.389)

王もまた貴族を必要とした。彼に仕える人たちが最高の貴族であることは、彼自身を卓越させた(象徴資本)。彼の幅広い独占権の証しとして、貴族への釣り合いには市民階層が必要であり、市民階層への釣り合いには貴族が必要でもあった。両者間の緊張関係の均衡を保つことが、「王という仕組み」の法則性となっていた。

宮廷では刀による闘いに代わり、出世や社会的成功を言葉で勝ちとる策略や争いが現れる。挨拶や会話ひとつが、直接話したこと以上の意味をもつ。それが人間の相場を表し、この相場価値についての宮廷内の世論形成に寄与する。「宮廷は一種の株式市場である。」人々の交流に際し、たえず個々人の価値についての意見・世論が形成される。その価値の基盤は、財産や能力にあるのでなく、「個々の人間が王のもとで受けている寵愛のなかや他の有力者のもとでもっている影響力、宮廷の派閥の動きに対してもっている意味のなかにある」(p.393) 関わる人々はたえず長期的視野をもちながら、宮廷内の編み合わせのなかですべての他人の地位や相場価値について正確に知ることを要求される。自己を監視し、他人をたえず慎重に観察することが、社会的地位を守るための基本条件になる。このように社会的編み合わせのなかで、長期的視野とともに他者を観察しながら自己の感情・行動をコントロールすることを、エリアスは「**心理化**」と呼ぶ。これは個々の人間を単独に、他者関係から切り離して観察する「心理学」とは明確に異なると言う。個々人はいつも、社会的な編み合わせの中にいる存在としてとらえたほうが真実に近い。

心理化と同様に16世紀以降広まるのが、「**合理化**」である。エリアスは、ウェーバーも西洋近代の特質としたこの合理化に関して、認識上の注意を喚起する。歴史のなかで存在しなかった知性や理性の「状態」が、人間の「内部」から作り出されるわけではなく、「外」から人間へ近づいてくるのでもない。変化する「状態」は、人間相互間の関係だからである。本来「理性」などなく、あるのはせいぜい「合理化」だという。関係やプロセスを、固定した実体・状態へと還元するモデル化の思考の危うさを、エリアスは指摘している。

「人間のもつこの基本的な歴史性に眼が開けたときにこそ、同時に人間存在の不変の法則性、構造の特異性が明らかになってくるのである。人間の個々の現象はすべてこうした絶えざる動きの全体のなかでみたときにのみ理解できる。」(p.402)

文明化のなかでゆっくり進む心理化・合理化は、人間相互の関係構造の歴史的変化から切り離して考えることはできない。人々の関係の編み合わせにおける相互依存、緊張や闘争が、心理化・合理化を促していく。

「合理化のなかに現れるのは心の状態全体の幅広い変化の一面にすぎない。合理化はそれに適合する衝動構造の変化と相まって進んでいく。手短にいえば、合理化は文明化現象がいくつかあるなかのひとつにすぎないのである。」(p.418)

文明化も合理化も、単なる理念・思考・知識・イデオロギーの変化ではなく、人間の態度全体、心の状態と行動様式全体の変化であり、衝動・情感構造にこそ光を当てねばならない。しかもこうした心理発生は広い範囲の社会発生とも連関し、特定の社会的な場の構造全体と合わせて研究する必要がある。合理化の担い手は市民階層に帰せられがちだが（ウェーバー）、宮廷的合理性もあり、むしろグループ間の緊張関係のなかで文明化や合理化は進行していく。これまでの考え方の習慣を修正する必要をエリアスは力説する。ただし大事なのは、個々の過程や知識をくまなく集め研究することではなく、「個々の過程に方向と独特な特色を与える基本構造をみつけだすこと」(p.415) であるともいう。

羞恥心や不快感も、文明化の結果、衝動が個々人の内面で処理される様式である。それらは、他人や自然の脅威への外的な不安が減少し、自分の内的な不安や自己抑制が強くなってきたしるしである。自分への羞恥と他者・外界への不快は対をなし、観察と自己監視に基づく。宮廷の上流階層は下品なものを拒否し、下流階層の感受性の乏しさに敏感である。彼らの感受性が研ぎ澄まされるのは、市民的なものから自己を区別し、宮廷で威信を得るのに洗練された社交的行動様式が有効だからだった。宮廷貴族は市民グループとの綱引きからの不安と緊張を内面に抱え続け、この社会的不安が監視の原動力となる。19世紀、宮廷社会が産業社会に代わられ、市民階層が上流に達すると、こうした社交的作法は副次的な意味しかもたず、金銭獲得と職業が社会的強制の主流をなす。とはいえ宮廷社会の時代は、西欧風に文明化された行動様式の型づくりに大きく貢献した。

文明化を促進したのは社会的な相互依存ネットワークの形成であり、機能分担の進行であった。機能分担が進むほど作業の効率は上がり、生活水準も上がっていく。植民者と現地住民、貴族と市民という上層と下層の間では、同化と区別、引き合いと反発といった、相反する傾向が生じる。成り上がりのプチブル階層は上流を懸命に模倣するが、努力を重ねても完全には同化できない。そのふるまいはぎこちなく、劣った立場から抜け出したくて羞恥心と劣等感にさいなまれる。出世の機会をもたず上昇を志向しない下流階層の人々とはまるで異なる。彼ら自身のなかの上流階層と、望んだことをできない自己の無能さとの矛盾に苦しみ、たえず内面的な緊張にさらされる。上流階層にとってこうした行動様式の差異と自らの優位性は、威信と支配の道具にもなった。だが植民地でも西欧内の宮廷社会でも、上流の様式はやがて広まり、上昇してきた下の層との平準化が進んでいった。

3　関係とプロセスの社会学的思考

以上のエッセンスをふまえ、考察を加えてみよう。エリアス社会学の真骨頂は何よりまず、図8-1から図8-2への移行である。この図は明快でわかりやすい。人間関係の連鎖・構造といえば、また図8-2だけを見れば、私たちは日々そうした網の目に生きているので当たり前に思えるが、「個人／社会」の二元論的思考の影響もあり、つい図8-1のように考えがちだ。

個人に対してマクロな社会を対置させる思考の系譜は、デュルケームからパーソンズに受け継がれた。他方で「孤立した個人」を中心に据えたのは、ウェーバーの合理的行為の理念型が代表的だが、そうした「孤立した個人」モデルは社会学だけにとどまらない。デカルト～カントに代表される哲学・倫理学、市場に合理的行為者を設定する経済学、個人の心理を単体でみる心理学、統治者を軸にすえる政治学・歴史学など、「孤立した個人」像はあらゆる領域に幅を利かせている。その傾向は学問以外の日常世界でも、至るところでみられるだろう。エリアスの関係構造・図柄のモデルは、今もなお根強いこうした諸潮流に対して、基本的な社会の見方を転換させてくれる認識効果をもつ。

デュルケームは社会学の確立期、社会的事実の個人に対する「外在性・拘束性」を、社会への意識づけの必要から強調した。社会が人間からなるとはいえ、ひとたび立ち上がった社会の力は個人には還元できず、物象化・非人間化して個人に働きかけてくる。この面がパーソンズの社会システム論につながるのは自然な流れであった。デュルケームは「社会的事実を物として扱う」方法的態度を唱えたが、実際には社会は「もの」でなく人々の関係構造であること、「もの」から図柄に再び還元する必要を、充分に考え切れない限界を残した。『社会分業論』では分業の網の目として社会を示したが、分業・網を全体として指摘するにとどまり、網の目のなかの関係性を細かくみる視座は持ち合わせなかった。この視座こそ、エリアスの図8‐2の図柄が呼び起こす認識効果である。

一方でウェーバーは『プロ倫』や合理化の議論において、合理的に行為する個人を近代資本主義の標準的な理念型に設定した。もちろん純粋な鋳型のような人間はおらず、多様な現実をはかる尺度としての理念型だとはいえ、どういう基本的なモデルを設定するかがやはり重要である。ウェーバーの方法論的個人主義・行為論においては、他者関係から切り離され孤立した状態で、理性的・合理的に行為する個人を基軸においた。エリアスが見出した関係構造・図柄は、そうしたモデルからは副次的な不純物としてフィルタリングされ、はじき出されていたように思われる。関係構造から出発し、そこに個々人を関係的存在として位置づけたのがエリアスの発想転換であり、社会学的思考をむしろ徹底させる。

こうしたエリアスの関係性重視への認識・発想・言語使用の転換は、単なる学問的意義だけでなく、実践的な効用も意識しながら行われていた。核兵器に代表される先端科学技術やその産物それ自体が脅威なのでなく、それを動かす人間のネットワーク・関係構造にこそ目を向けるべきだという指摘もそうであった。「理性」「合理的」「現実的」などのラベルが、根拠のない信念や利害に貼り合わされることも、政治や国際関係、組織運営などには日々あることだが、あくまで社会関係の客観的な事実認識に基づかねばならないというメッセージが、図柄・関係構造の提示には込められている。テーマの選択・重視に外的な権力や評価が影響することが、学問的自律を保てない要因になっていることの指摘も、はっとさせられる。(事実に即した)自律的な関係づけの理論・モデルを発展させることはそれ自体、歴史研究の独立性を強化するという実践的な意味を与えられてもいたのである。

エリアスは歴史に関して社会学が何をできるかを問うとき、こうした理論枠組みをいかに歴史の事実と重ね合わせ、何を見出せるかを重視している。「歴史的事件の一回性」と「同じものの再来」、「一回限りで個性的な相」と「反復的な社会的相」、ルイ14世のような「特定の人物・個人的人格」と「反復される社会的地位」との関係・重ね合わせである。そうして図8-2のような社会的図柄に、歴史のなかで反復される現象を見出したのである。

プロセス重視の図柄理論は、パーソンズの社会システム理論と対照的である。社会的図柄の発展・変化は、個人の生を超えて長期に及び、より緩慢に進むので、静態的(スタティック)なシステムのように見えてしまうというのは、「なるほど」と思わされる指摘だ。

4　文明化からブルデューへの接続

エリアスの図柄や文明化の議論は、ブルデューと多くの共通点をもつ。エリアスがウェーバーの方法論的個人主義を批判し乗り越える形で、図柄による関係論的思考を推し進めた営みは、ブルデューによって受け継がれている。エリアスが「個人／社会」の二元論を脱して、人間の相対的自律性を図柄から引き出すとき、ある程度は自律し、ある程度は従属・依存している状況を表し、それはまさにブルデューのハビトゥスや界の特質であった。

エリアスが描き出す文明化のプロセスは、人間の行動・感情の一定方向の変化だが、ウェーバー的な合理的行為とは対照的に、合理的に意図・計画・行動されたものではない。これも、ブルデューがサルトルの自覚的な意識の投企としてのプラクシスと区別して、「ハビトゥス／プラティック」の次元を設定したのと共通する。エリアスは合理化や明確な意図・計算を、より全体的・身体的な衝動・情感構造のなかに位置づける。ブルデューのハビトゥスも同様であり、両者とも意識か無意識かの二元論にとらわれない「非-意識の原理」をとっている。これは、「関係構造のなかの個人」モデルと連動している。関係のなかに生きる網の目としての個人は、たえず相互影響にさらされ、自覚的な意識だけで完結できず、周囲に対して開かれながら閉じ、閉じながら開いている（→ゴフマンの相互作用秩序）。このとき個々の身体こそが、（明確な論理や言語以前に）よりプリミティブかつ瞬間的に関係構造の動きに即応し、内と外のスムーズなフィードバックの流れをそのつど作り上げている。社会的な関係構造と身体的な情感構造は、切り離さずセットで考えなければならない。

このセットはブルデューでは、社会空間や界＝場（champ/ field）とハビトゥスの関係に相当する。エリアスの図柄はブルデューの社会空間や界に当たり、図8-2の図柄モデルからは、『ディスタンクシオン』の社会空間図式が連想される（本書1章）。あの図式は、社会的位置関係の空間とハビトゥスの配置関係の空間、文化的行動様式の空間という、3つの関係構造を重ね合わせていた。ブルデューはこれによって関係論的思考を推し進め、そこにはエリアスやカッシーラー、構造主義の影響が色濃くみられる。ブルデューがあのような論じ方をしたのは、エリアスの図柄的な思考を現代社会に適用する必要性からでもあった。エリアスを通すことで、ブルデュー社会学の前提を別の角度から理解できる。

感情構造・ハビトゥスは、生まれたときからの（暗黙または自覚的な）教育の産物である。エリアスによれば、社会の中枢による暴力の独占管理が進むのに伴い、自己抑制を習慣づける社会の型づくり装置が確立してくるという。これはまさにハビトゥスであり、意識と言説の手前で自動的に作動する身体図式である。生々しい物理的暴力は影をひそめ、代わりに平均化された社会的圧力が教育を通じて個々人の身体・心理に植え込まれ、自己制御を強いてくる。これはブルデューの言う象徴暴力であり、『再生産』で描かれた次元だ。

西欧で文明化が進んだのは、広い範囲に社会的な機能分化と相互依存・競争が及び、安定した暴力・租税の独占機構が確立した結果だった。日常に暴力が登場する機会は大幅に減るが、宮廷・都市・産業社会などの競争圧のなかで、人々は地位・名誉・威信・評価・承認をめぐって相争う。相互に観察しあう社会的図柄のまなざしの連鎖のなかで、不適切な言動で自分の評価を貶めないよう衝動を抑制したり、洗練した服装・食事作法・趣味・社交・会話術などによって自分を他者から卓越化し、高い評価をかちとったりする。これは、モノやお金ではかられる経済的次元と（密接につながりながらも）区別される象徴的次元であり、社会的地位とそれに伴う主観的な意味・価値・評価・承認の世界である（→2章）。これこそブルデューが『ディスタンクシオン』で扱った、趣味をめぐる象徴闘争・象徴資本の世界と重なる。上流‐中流‐下流間の関係や行動様式の差異は、ほぼ同じように描かれている。上流（ブルジョワ）のゆとりと優位性、中流（プチブル）の上昇志向とあせり・劣等感、下流の現状への自足、差異化と平準化の二重性、などである。だから『ディスタンクシオン』は、エリアスの文明化・宮廷社会論の現代版として読めるのである。

ブルデュー的な経済資本と象徴・文化資本の二重性・対立・重なりは、西欧近代史では市民階層と貴族階層の拮抗関係や相互浸透という、歴史的に実在した社会的に対応する集団を見出せる。これはゾンバルト『恋愛と贅沢と資本主義』にも共通するテーマであった。貨幣経済の浸透につれ、旧来の貴族層は貧窮・衰退し、富裕な市民層が成り上がり、貴族の地位を求めることで、新しいジェントルマン階級が形成される。そこでは経済的富と象徴的威信が結合した。宮廷や都市で贅沢な消費が盛んに行われるとき、そこでは経済資本と（非経済的な）象徴・文化資本が結合し、それが近代の一面をなしたのだともいえよう。エリアスをゾンバルト／ウェーバー問題に引きつけるなら、ウェーバーが『プロ倫』で扱ったのは、主に市民的合理性の側面であった。エリアスが光を当てた宮廷的合理性も別にあり、ゾンバルトはこれに消費・奢侈・恋愛などからアプローチしたのだった。

エリアスの心理化や自己抑制、監視の議論は、フーコーの『監獄の誕生』と重なるところが多い。フーコーがやや独自色が強すぎる感が否めないのに対し、エリアスは社会的図柄の形成によってこれらを基礎づけた点で、関係・プロセス重視の社会観としてより応用がきくようにも思われるのだが、どうだろうか。

エリアスはユダヤ人であるため1930年代、ドイツからイギリスへ亡命を強いられた。ドイツで書いた教授資格請求論文・宮廷社会論は、ユダヤ人という理由で受け入れられなかった。両親とも戦時中に死に別れた（母ゾフィーは41年アウシュヴィッツで死去）。39年出版の『文明化の過程』は、大戦前という事情からまるで売れず、真に注目されたのは30年後、69年の第2版刊行時だったという。不遇の人生を生きたエリアスがアドルノ賞を受賞して一躍脚光を浴びたのは77年、80歳の時であった。こうした人生や社会的立場のフィルターを通して彼の仕事や作品を見てしまうのも問題はあるにせよ、エリアスが文明化や宮廷社会の図柄と正面から向き合い、関係論やプロセス重視の思考を徹底して推し進めた姿勢からは、不遇の立場をもろともせずマイペースに取り組んだ彼の意志の強さ・芯の強さ、モチベーションの高さが感じられるのである。

次章以降ではより具体的に、エリアスの宮廷社会や国家形成の議論に分け入り、ブルデューとの接続作業を掘り下げていく。

第9章　宮廷社会と象徴資本──エリアスとブルデューの接続（1）

多田　治

1　象徴資本の歴史的理解のために

本章はまず前章のエリアスの検討を下地として、彼の主著の一つである『宮廷社会』のエッセンス抽出から始める。そうして彼による近代初期（近世）の宮廷社会の研究が、ブルデューの象徴資本の概念を歴史的に理解する助けとなることを示し、両者の接続を図る。

2　エリアスの宮廷社会論のエッセンス

2-1　宮廷における象徴の重要性

エリアスはヨーロッパの宮廷社会を、国家発展の初期段階として、社会学の興味深い研究対象に位置づける。宮廷は君主一門の家政の機能と、国家行政・統治の機能を兼ね備えていた。その社会は独特のエリート組織を形成し、その人々の**図柄**は、他の社会と同様に解明を要する対象となる。宮廷社会の興隆は、国家権力の中央集権化と関連し、その権力の源は租税の徴収と、軍事・警察力の独占（経済力の集中と物理的暴力の占有）にあった。

エリアスが焦点を当てるのは17～18世紀フランスの宮廷、とりわけルイ14世治下の宮廷である。宮廷は、ウェーバーの言う**家産制国家**組織に相当する（『宮廷社会』63-64）。発展の頂点にあったルイ14世は、自国全域を個人の所有物として、宮廷の拡張のように組織した。宮廷はまさに王の家かつ、国家行政機関でもあった。

宮廷貴族社会は、市民社会と対比される。有職市民の社会関係は、職業・金銭・商品によって媒介されるのに対し、宮廷人の場合は直接的な社交関係の網目を生き、そこでは身なりと行動様式、礼儀作法が細かく定められていた。奢侈も無駄ではなく意味があるものとされ、威信のため、注意をひくために消費は重要視された（→ゾンバルト、ヴェブレン、ウェーバー[注1]）。商人が収入に合わせて支出を決めたのに対し、大貴族は自分の地位・位階の水準に支出を合わせねばならなかった。エリアスは宮廷社会が、今日我々が生きる産業社会とは別の規範と価値基準をもつ社会システムであったことを強調する。

宮廷貴族の気質を表すリシュリュー公のエピソードは、ブルデューもよく引用する有名なものである。リシュリュー公は貴族にふさわしい金の使い方を教えるために、息子に財布を持たせたところ、金を使わずに帰ってきたので、その財布を息子の目の前で窓から投げ捨てた、というものだ。宮廷貴族の間では、「経済＝エコノミー」という表現は軽蔑的な語感をおび、身分の低い連中の美徳の象徴とされた。貴族は商業活動に参与できず、商業で収入を増やすことは不名誉とみなされた。産業革命以前は、働いて稼いだのでない富、つまり遺産として受け継いだ富、特に相続した土地からの地代収入が最も尊敬された。

イギリスでも17～18世紀には、上流階層において地位・威信上の激しい競争が行われたが、イギリスでは貴族と上流市民の社会的隔壁はゆるく、乗り越えやすかった。対してフランスではルイ14世が強大な権力を維持するため、むしろ両者の隔壁を強化した。彼は貴族集団と市民集団が結託して反乱を起こさないよう、身分・位階の区別を保持してエリートたちの対立・緊

注1　エリアスはゾンバルトをこう取り上げている。「たとえばゾンバルトにとって宮廷という現象は、近代資本主義の成立との関連において、したがってまさしく『奢侈の中心地』という宮廷の性質において重要性を持つに至った」（p.59）。ゾンバルトは奢侈の中心地という特質から宮廷社会を浮かび上がらせていたのであり、エリアスへのゾンバルトの影響がうかがえる。
一方エリアスは、ヴェブレンが『有閑階級の理論』で「威信のための消費」を見出した点を評価しつつ、「市民的価値観を他の社会の経済的行動様式にも尺度として無批判的に採用した」（p.104）と批判する。威信消費の背後にある社会的強制が、宮廷社会で特有に働く文脈が重要となる。
さらにエリアスは、ウェーバーが『経済と社会』において、奢侈・消費が宮廷の本質であったことを指摘する次の一節を引用している。「消費の合目的的位置づけの拒否という意味での〈奢侈〉は、封建的支配階級にとって決して〈余計な〉ものではなく、かれらの社会的な自己主張手段のひとつである」。（『宮廷社会』p.57）ただしこれは示唆にとどまったため、エリアスは自ら宮廷社会論を本格展開した。この点エリアスは、示唆にとどめるウェーバーよりむしろゾンバルトに近い。

張を強化・固定化させ、それをむしろ支配の道具に利用した。

今日では「社会」と「国家」は明確に区別されているため、両者の関係は問われないが、当時は両者の関係はまだ未分化であった。公と私の区分も同様で、産業社会でのような区別が進んでいなかった。ヴェルサイユ宮殿は数千人もの人間を収容でき、一都市の人口に相当したが、それは国王の家と同時に宮廷社会全体の宿泊所でもあった。ルイ14世の国王の機能と家長の機能は密に融合し、フランス全領土の家長の立場にあった。

彼の寝室における「朝の引見」、起床の儀式は、事細かに定められていた。エリアスはその手続きとプロセスに、重要な社会の次元を読みとる。

「ここで問題になっているのは、明らかに、近代的意味における合理的機構ではなくて、ひとつひとつの儀式が、その都度その都度の権力分布の象徴として進行手続と結びつく威信的性格を持つ機構型だったのである。（中略）国王は位階の違いを作り出したり、栄誉や恩恵を与えたり、また場合によっては不興を伝えるために自分の最も私的な行為を利用したのである。以上の示唆からすでに明らかなように、この社会と支配形態の構造においては礼儀作法が極めて重要な象徴的機能を持っていたのである。」（p.131）

ルイ14世は、こうした象徴的な儀式＝装置を自ら創設したわけではないが、それを利用し強化したのは彼であった。位階制度に対応した貴族の気質を利用し、威信や愛顧をめぐる宮廷人の競争を支配に利用したのである。

2-2　宮廷的合理性

エリアスは、こうした宮廷社会に特有の合理性があるのだとして、市民的合理性と区別して**宮廷的合理性**と呼ぶ。明らかにウェーバーからの差異化・乗り越えを意識している。

「どのような型の合理性もそうであるが、今問題になっている型の合理性も、各自の情感の自己制御をうながす特定の強制と結びついて出来あがったものである。その内部で外的強制から自己制御への比較的強度の変形が起こるような社会的図柄が、『合理性』という概念を通じてわれわれがその際立った特性を指摘しようと努めている行動形態を生み出すための恒常的条件である。」（143-144）

エリアスは合理性を語るとき、「社会的図柄のなかでの情感制御」「外的強制から自己制御への移行」という彼特有の視点を強調する。短期的な情感的指令に対し、長期的な現実志向的指令の比重が大きくなるほど、行動はより合理的になるが、そもそもこの長期的現実志向＝合理性のあり方自体が、社会の構造に応じて多様であり、宮廷人の合理性は有職市民の合理性とは異なる。後者では経済的な損得計算が第一義となるが、宮廷貴族の場合は、経済的損失があっても威信や地位を得ることのほうが第一義となる。市民には非合理に思われることが、宮廷的には合理的になりうるのである。エリアスは、「合理的／非合理的」の「単純な二極間の絶対的概念的アンチテーゼ」（p.145）の不充分さを指摘し、むしろその内実、合理性の多様な発展形態をみるべきことを指摘する。宮廷の礼節あるふるまいは、有職市民からすれば単に「外面的」なものとみなされがちだが、宮廷人にとってはそうでなく、宮廷の序列のなかの自己の位置・存在を直接表示し、際立たせることが「合理的」な行為となる。

「名誉」は、貴族社会への帰属を表す表現であった。身分の低い階層との距離を保持しながら、自己価値としての貴族の存在を維持することが、貴族の気質であった。宮廷貴族は、宮廷への参内とそこでの生活を通してのみ、他の者との距離を維持できたので、国王に直接依存し続けた。この他者との距離が、彼らの威信と存在感の根幹をなした。宮廷社会のなかで彼らは、互いに苛烈な競争におかれた。「国王の愛顧とか国王の愛妾や大臣たちへの影響力、特別の派閥への所属、武将としての功績、機知、振舞いの良さ、顔立ちの美しさ等々、それらすべてが威信表示の機会になった。」（p.157）名誉や威信が、彼らの動機づけとなった。こうした宮廷人の「身分尊重の気質」は、有職市民階層の「経済尊重の気質」とは対照的だったが、後者にも浸透し、経済的利益が威信価値と直接混ざり合った。

宮廷社会は人びとの編み合わせのなかで、人間観察術を発達させた。それは自己観察でもあり、社交のなかで自己を訓練する役割を果たした。話術も培われ、会話や交際をいかにうまくやりこなすかが求められた。この影響でフランス社会では、ある行動を「いかに」するかが、「何を」するかよりも重視される、形式主義が発達した。

エリアスはウェーバーが提示したのとは別の合理性が、ヨーロッパにおいてさえ存在したという。「有職市民的・資本主義的合理性と並んで、もっと別の社会的必要性のなかから生れた別種の合理性が存在した」。(p.173)「前もって数量化して予測を立てること」という、ウェーバーが定式化した市民的合理性とはまた別に、宮廷的合理性は、緊密な社交関係における情感抑制であり、そこでは演技が重要な役割を果たした。こうした17～18世紀の宮廷的様式の多くは、19世紀以後も存続し、今日まで生き続けているという。

2-3 《国王―貴族―市民》の社会的図柄

支配者である国王は、貴族に対して距離を保ちながら、自分も貴族階層に属した。礼儀作法は国王にとって、貴族と距離を保つ道具であり、支配の道具でもあった。それは単なる「儀礼的なもの」にはとどまらなかった。ルイ14世は維持型の国王として、人々の緊張関係や不和を観察し、そこに介入して緊張や差異を維持することに努めた。全体を見渡しやすい組織づくりを行い、調整・安全確保・監視を行う装置が国王の宮廷であり、礼儀作法であった。一方で貴族は、国王に一体化する反面、国王と対立・緊張関係にもあるという両面感情を生きた。

ルイ14世が自由に決定できる範囲の大きさと、他人に依存し拘束される範囲の大きさとは重なり、同一現象の二つの側面だったという。彼ほどの強大な支配者でさえ、宮廷社会の緊張関係に編み込まれていた。エリアスはこの状況をとらえるには、(個人の自由を前提する) 行為理論や相互作用理論でもシステム理論でもなく、「図柄」概念を使うことが適切だと指摘する。図柄の中にいる国王は、強力ではあっても自由ではなかった。

17～18世紀のフランスにはすでに貨幣経済が浸透し、宮廷も金銭収入に依存していた。それまで土地所有に頼っていた貴族は、商業に従事せず、貨幣価値の下落に伴って貧困化してゆくのに対し、国王は租税や官職売却によって所得を高め、収入の増大はさらなる権力の強化につながった。また貴族階層の運命には、軍事上の変遷も影響している。中世では中央主権者は、戦争を行う際に武家貴族の集団に大きく依存した。だが16世紀、軍事的貢献への報酬が封土から現金支払いに移行し、傭兵部隊と火器が発達すると、旧来の武家貴族は用済みになる。代わって軍事面での財源への依存度は著しく高まる。軍事力と租税徴収は、相互循環的にふくらんでいった。

土地が報酬として与えられた時代は、受領者はその領地に定着した。金銭給与の形が進むことで、領地を離れて国王の近くに移動する動きが促される。金銭給与を気ままに交付する宮廷時代の国王は、その金銭収入に依存する取り巻き連中を直接支配できた。だが宮廷時代の国王と貴族の結びつきは、封建時代からの連続性をもって古くから続いてきたものでもあった。国王は「第一の貴族」と称し、貴族階層を維持する責任をもち、貴族は国王に忠誠を尽くす義務を保持してきた。時代を経るにつれ、中央主権者は大部分の貴族から遊離し、市民階層の有能な人間を職能に登用してゆく。16世紀末には司法・行政・内閣の役職の大半が平民出身者に握られた。

だがそれでもなお、国王は貴族を必要とし、国王と貴族の相互依存は続く。16世紀、封建貴族から宮廷貴族への転換があった。国王は古い家柄にはもはやこだわらず、軍事的功労などを褒賞として、称号や金銭所得を与えた。国王の支出は増大し、多数の人間が宮廷に集まり、これと連動して初期資本主義大都市も成長してゆく。宮廷に属するか否かが重要性をおび、「宮廷人である」ことが差別と威信を基礎づけた[注2]。中世封建秩序の多くが、変形・廃棄されながらも維持されて、国王の貴族に対する権力はたえまなく強化された。

注2　フランスの宮廷社会については、その末期・フランス革命期ではあるが、池田理代子による漫画・アニメ『ベルサイユのばら』が具体的で生き生きした描写をしており、参考になる。

行政・裁判の職能が貴族の手から離れ、これらの職能を基盤に富裕で強力な市民団体が形成され、特に高等法院は市民階層の上層に位置づけられた。財政基盤を失いつつあった貴族は、ますます国王への依存を深めた。二つの身分集団は緊張関係にあって均衡を保ち、双方から距離を保った国王は、抗争の調停役を演じた。市民階層と貴族階層が王権の打倒へと結託せず、対立しながら均衡を保つ限り、国王の支配は安泰であった。貨幣経済の促進と身分制社会が両立し、前者は市民層を、後者は貴族層を利した。

他方で高等法院も宮廷貴族も、王権を制限したいと望んでいた。高等法院は、貴族と市民の間で法服貴族と呼ばれる独自の中間階層を形成した。彼らは官職売買制度に依拠し、金銭で買い入れた特権や官職を通して王権と結びついた。彼らの官職上の威信と財布の力は、伝統的王政の存続と直結していた。彼らは支配に参与することを欲し、国王の権力制限を望みながらも、彼らの存在・官職自体が現体制に依拠し、王制を必要ともした。

行政・裁判の職能をもたない宮廷貴族は、強力な市民階層出身の競争相手を持っていたのである。また貴族階層自体も、様々な集団に分裂していた。一例は、王子や公爵など王に特に近い大貴族と、他の宮廷貴族との相違・分離であり、大貴族は近いゆえに国王にとっても危険な存在であった。国王は、こうした階層間のゆれどめ装置、安定器としての機能を果たしながら、そうした緊張関係の均衡を利用して、より広い支配領域を確保した。

エリアスは、歴史を階級闘争とみなす考え方は一面的だと批判する（p.283）。ここにみられるように、大半の集団が複数の敵・味方をもつ多層的な図柄においては、社会階層間の相互依存と敵対関係の間の揺れ、二面的関係こそが、現れる頻度が高いというのである。国王にとって貴族は、伝統的な仲間・従者として大切な存在であると同時に、潜在的にはたえず敵対関係になりうる危険な存在でもあった。他方で貴族の軍事・外交上の職能は、国王を他から隔てる宮廷的機能の派生物であった。国王は市民階層が勢力を強めすぎることを恐れ、彼らに対する平衡錘としても貴族を必要とした。貴族と市民は国王にとって、互いに対抗する平衡錘であり、国王は貴族の圧政者と同時に維持者でもあったのである。

3　家産制国家としての宮廷社会――ウェーバー「支配の社会学」の継承

すでに少しふれたが、エリアスの扱う宮廷社会は、ウェーバーが『経済と社会』の「支配の社会学」で論じた家産制国家に当たる。実はこの家産制は、ほとんど注目されない。いまウェーバーには深く立ち入れないが、支配の社会学に関して通常よく知られるのは、「近代官僚制における合理化のプロセス、合法的支配」であり、それがウェーバーの代名詞、ステレオタイプと化してきた。家産制はこれとは異なり、伝統的支配に分類される。

エリアスはウェーバーの類型にならってこう言う。「家父長制的支配形態の『萌芽は、家族共同体内部における家父長の権威に求めることができる』が、この旧政体の宮廷は、いわばこの家父長制的支配形態の高度に分化した後裔である。」（『宮廷社会』p.63）国王はまさに、宮廷における家父長である。宮廷は国王の家であると同時に、国家の行政機関でもあった。国王の「家政」が中心となる国家が、家産制国家なのである。

よりわかりやすくするため、エリアスによるウェーバーの引用を見てみよう。

「君主が自分の家庭内での権力行使と全く同じ原則に立って……自己の政治的権力を組織化していく場合、それは家産制国家的組織と呼ばれる。ヨーロッパ大陸の有力な国家の大部分は、近代にさしかかるまで、ときには近代にはいってからもなお、かなり強い家産的国家の性格を帯びていた。

家産制的統治はもともと家父長の純粋に個人的な、極めて私的な家政上の必要にあわせてつくられていた。（以下略）」

（同 63-64）

これに従って大まかに言えば、ヨーロッパの国家は家父長制→家産制→官僚制という発展・移行をとげてきたことになる。一般的には「**近世家産制から近代官僚制へ**」と言えようが、同時にウェーバーが、近代に入ってからもヨーロッパの国家が家産制の色を残していたと指摘している点にも注意したい。[注3]

注3　ウェーバーは、「家産制的官職から官僚制的官職への推移がそもそも流動的なもの」だったとも言う。同時にこうも言う。「完全に発展した身分制国家も、完全な展開をとげた官僚制も、もともとヨーロッパの地においてのみ成長した。」『支配の社会学』Ⅱ、p.349.

エリアスは17～18世紀フランスの宮廷社会を扱うことで、ウェーバーの言う近代官僚制の前段階の時代に光を当てたのである。それはウェーバーの「支配の社会学」を、彼自身が近代・官僚制・合理化に主眼を置いたのとは別の角度から、継承していく試みでもあった。ブルデューがエリアスを評価する際、（暴力の独占という少し別の文脈ながら）こう言うのも納得できる。「ノルベルト・エリアスについては、社会学の共有財産になっている観念や学説を誤って彼に帰す歴史家がいますが、ウェーバーの分析のあらゆる帰結を引き出した功績こそ認めなければなりません。」（『実践理性』p.135）エリアスの宮廷社会論は、ウェーバーの近世・家産制国家論の部分を実り豊かな形で引き出し、継承した仕事だといえよう。

4　象徴資本へ――ブルデューとの接続

近世（初期近代）という時代は、貨幣経済の浸透やブルジョワ・有職市民階層の勃興によって、かえって象徴的なものの重要性を際立たせる。貴族はブルジョワとの対比・関係において、また威信・名誉・愛・承認・礼儀・美しさ・機知・儀式・奢侈などあらゆる象徴的なものは経済・金銭・商品など物質的なものとの対比・関係のなかで、際立った意味をもっていたことが、エリアスの議論からわかる。この状況はブルデューの視点・用語で言えば、まさに**経済資本**と**象徴資本**の二元的関係だ。要するに貴族は象徴資本を、ブルジョワは経済資本を身にまとい、人格化した存在なのである。

商人が収入に合わせて支出を決めたのに対し、貴族は自分の地位・身分に合わせて支出を決めたというのは、典型的だ。前者が経済資本を基準にしたところで、後者は象徴資本を基準にし、その維持や増大を図る必要があったわけである。エリアスは宮廷社会に、今日の産業社会とは別の規範・価値が作用していたことを強調するが、それが象徴資本であり、貴族が経済資本を犠牲にしてでも（マルセル・モースの言う贈与の論理によって）守らねばならない名誉であった。宮廷社会では社交関係における他者のまなざしのなかで、自分をよりよく高貴に振舞い・見せ・見られ、王や他の貴族から寵愛・承認・称賛をかちとることが、経済的富そのものより重視された。これをエリアスは宮廷的合理性と表現し、ウェーバー的な産業資本主義の市民的合理性に対置したのであった。

ところで、これまで「象徴的なものの重要性」については多くの論者が語ってきたが、「象徴資本」という言い方はブルデューのオリジナルである。エリアスをブルデューに引きつける文脈でも、ブルデューがなぜ「象徴資本」と言うのか、「資本」を付すことにいかなる含意や効用があるのかをはっきりさせておくことは重要だろう。

資本は、すでにあるところに集中され、再分配される。「集中と再分配」が、資本のはたらき・効用といえる。ヨーロッパにおける国家形成のプロセスは、たび重なる戦争による領土の確保・統合を通じて進められたが、そのプロセスで国家は、軍事資本と経済資本（税金）を中央に集中させ、再分配していく仕組みを確立した。このように集中される資本は、権力そのものでもある。（私見ではこの文脈では、資本は権力とほぼ同義で、言いかえても支障ないと思われる。）資本の集中と再分配はそれ自体、中央権力者が支配・統治を確立するプロセスでもあり、資本は「支配の手段・道具」になる。資本は、それを集中させ保持すること自体が目的になると同時に、次の活動・労働・投資に向けての手段にもなる。

これまで資本は、マルクス等の影響もあり、経済的・物質的なものに限定して考えられてきた。だが資本には、目に見えない・精神的・知的・主観的な次元を見出すこともでき、これをブルデューは象徴資本として概念化したのであった。「集中と再分配」「支配の手段」という、いま示した資本の二特性は、象徴資本にも当てはまる。

実際、エリアスが描き出したルイ14世の宮廷統治が行ったことの多くは、象徴資本の集中と再分配と呼べる営みであった。国王は行政・司法の実質的役職には有能な平民出身者を登用しながらも、貴族と市民官僚のパワーバランスを保つために、家柄・身分の高い貴族にも恩典を与えつづけた。礼儀作法や外見、儀式など諸々の象徴によって、国王や貴族は自らの存在・価値をアピールし、他との距離・序列を保持してきた。宮廷社会のこうした営みは、国王が宮廷に象徴資本・経済資本を集中させたからこそ成り立ちえた。その意味で国王・宮廷は、象徴資本においても中央銀行というべき位置づけにあったのである。

象徴資本について以上の点を確認し、エリアスの宮廷社会論と関係づけた。以下ではブルデューの国家論・象徴資本論の内在的な検討に入っていきたい。

5　国家における象徴資本の集中

エリアスの宮廷社会論は、ブルデューでは国家形成を論じる仕事のなかに位置づけることができる。ブルデューの国家論は、象徴生産の領域を重視する点に独自性がある。そのため彼は、ウェーバーの有名な国家の定義（物理的暴力の合法的独占）にも修正・補足を加え、重要な再定義を行っている。

「国家とは一定の領土内でそこに住む住民全体の上に物理的および象徴的暴力を合法的に行使する独占権を成功裡に要求するX（未知数）である」。（『実践理性』p.132、強調はブルデュー）

これまでの多くの国家論は、物理的暴力の次元に偏っていた。ブルデューが象徴暴力を定義に組み込んだのは、主観性の次元、精神構造や知覚・思考カテゴリーの形で頭脳の中にも国家が占めることを強調するためである。こうした主観・思考・知のレベルでの国家の作用は、自明性のもとに自然化されるので、見すごし素通りされやすい。そのことが、国家分析が物理的次元に偏ってきたことの一因でもあったのだろう。

マルクス主義、ウェーバー、エリアス、チャールズ・ティリー[注4]など、一連の国家形成を説明する論者たちは、物理力資本の集中化を特権化してきたとブルデューは指摘する（同p.135）。もちろん物理力資本の集中は、国家形成の決定的に重要なファクターではあった。警察・軍隊という秩序維持の機関は、国家に集中されるにつれて他の社会的世界から分離してくる。物理的暴力は特別の任務をおび、封建的軍隊から職業的軍隊への移行が進むと、戦士の機能を身分的に独占していた貴族の立場はおびやかされてゆく（→エリアス）。軍隊・警察といった物理力資本の集中化には、効率的な税制の確立が不可欠で、両者は

注4　チャールズ・ティリー：国家形成の歴史社会学では世界的に著名で影響力の大きい研究者だが、なぜか日本ではあまり知られず訳書も出てない。著書に*Coercion, Capital and European States, A.D. 990-1992*（1993）、*The Formation of Nation-States in Western Europe*（1975）など。

セットであった。また税制の確立は、経済空間の統一・国内市場の確立とセットであった。王権国家による租税徴集は、臣民全員から直接取り立てるもので、封建諸侯を通したものとは異なっていた。国税は戦費支出の増大とともに発達し、はじめは臨時でそのつど行われた国土防衛上の命令が、次第に義務的で定期的な徴税へと恒常化・正当化されていった。

ここにブルデューは、象徴資本の視点を導入する。国家による徴税と再分配が、「経済資本を象徴資本に転換させる原理」としてはたらくと言うのである（p.137）。国税の制度化は、軍隊の発達と循環的な関係にあった。軍隊は領土の拡張・防衛だけでなく、租税徴集の際に納税者の支払いを力ずくで強制するうえでも不可欠だった。臣民たちは、自分が課税対象者・納税者であることを発見することで、自分の臣民の地位を自覚させられた。課税の正統性の問題が、避けがたく浮上してくる。臣民が納税を妥当だと思うに足る正統性が、国家に付与される必要があった。それが国家への象徴資本の集中・独占である。

すなわち、（物理的な）軍隊と財源の集中は、（主観的な）承認と正統性による象徴資本の集中が伴ってこそ成り立つ（→２章図２‐１）。実際に徴税には国家の代理人として徴税請負人が任務に当たったが（着服等も生じた）、彼らの集団と徴集管理方法じたいが、正統なものと認識・承認される必要もあった。公的徴税の正統性の確立は、同一義務への服従によって一つの領土としての国家の建設に貢献し、ナショナリズムの発生とも結びついた。

税制確立にもとづく経済資本の集中と並行して、情報資本・文化資本の集中・再分配も進んだという。国家は領土内の情報を収集管理し、国勢調査による統計や地図によって統一的表象をつくりあげる。学校は文化・言語の領域で、国家の統一化を推し進めた。

国家形成の歴史は、様々な資本が国家のもとに集約されてくるプロセスとも重なる。ブルデューはこう言う。

「国家は、物理力あるいは強制手段の資本（軍隊、警察）、経済資本、文化資本あるいは情報資本、象徴資本など、さまざまな種類の資本の集中化過程の帰結です。各種資本の集中化はそれ自体で国家を一種の**メタ資本**の所有者として構成し、他の種類の資本とその所有者に対する優位を国家に与えます。」（p.134）

国家は諸資本を集中させることにより、メタ資本の所有者となり、他の資本所有者に対して超越的・特権的な立場におかれる。それではこうした諸資本全体のなかで、象徴資本はどういう位置づけにあり、性質をもつのか。

「すべての資本は、権威が承認された象徴資本の集中化へと送り返されます。象徴資本の集中化は、あらゆる国家成立の理論で無視されてきましたが、他のすべての形の集中化の条件であり、(中略) 他のすべての資本の集中化に伴って起こります。象徴資本の定義は、それがいかなる性質の資本かを問いません。物理的、経済的、文化的、社会的などいかなる種類の資本であれ、それを認識し (知覚し)、識別し、それに価値を付与しうるような知覚カテゴリーをもった社会的主体によって知覚されたとき、それは象徴資本となります。」(p.142)

あらゆる資本が主観・認知をくぐることで、象徴資本に転換される (2章図2‐2)。国家は、正統づけられた「認識と分割の原理」、主観的な知識・思考の枠組みを教え込む手段をもつ点でも特権的な立場にあるため、象徴資本も国家のもとに集中、再分配されることになる。

6　王朝国家のモデル

ここまではブルデューの国家論の文脈で、象徴資本の基本特性を抽出した。これをふまえて今度は『国家の神秘』第2章「国王の家から国家理性へ」を主なテキストにしながら、エリアスの宮廷社会論に再び近づく形で、近世の王朝国家から近代官僚制への移行に焦点を当てていく。この論文の冒頭でブルデューは、こうした歴史的探究を行う際の考え方・心がまえとして、重要な問題提起を行っている。

「必要なことは、国家の出現にかかわるすべての要因というよりも、国家という歴史的現実、まずは王朝という形式、次に官僚制という形式をとった現実を出現させるように作用した歴史的過程の仕組みを調べ上げることである。必要なのは、官僚制の界の自律化の過程を官僚制の仕組みにしたがって一種の系譜学的な物語として記述するよりも、この過程のモデ

ルを組み立てることにある。」（『国家の神秘』p.44、強調はブルデュー）

歴史的検討を行うからといって、国家形成の諸要因を網羅的に取り上げたり、系譜学的な物語を丹念に記述したりすることばかりが重要なのではなく、たとえば王朝国家から官僚制国家への移行のような歴史プロセスについて大まかなモデルを描き出すことこそ、必要だと言うのである。ここでブルデューは、必ずしも歴史学プロパーではない社会学者が、歴史を扱う際の考え方・心がまえを提示しているようにも思われる。あくまで事実に基づきながらも、一定の歴史プロセスにモデルやビジョンを見出していくことが、理論的な発見・思考の展開と直結している。これは8章で扱ったエリアスの問題提起と重なる。

さて、長らく「社会学は近代を扱う学問である」と言われてきたし、「近代国民国家」がその前提になってきた。だが近代国民国家を研究すると、それに先行する王朝国家を見失う恐れがあるとブルデューは指摘する（同p.44）。近代国家が姿を現すのは、官僚制国家に至るまでの長期間の移行のなかにおいてであり、王朝国家と国民国家（近世と近代）の区別を欠いては、近代国家の特殊性も明確にならないというのである。これはまさにエリアスの宮廷社会論の志向性や、ウェーバーの家産制と近代官僚制の区別とも重なる。

王朝国家において資本の蓄積は、「家」の論理に従って行われた。「家の長」である国王は、家の財産、とりわけ象徴資本である貴族身分を利用しながら国家（行政機構および領土）を構築していくが、その国家は徐々に「家」の論理から離れていく。国王一家にとって国家は、王の家と同一視される（＝宮廷）。家は、家を体現する個人を超越している。家長は、自分の物質的財産と象徴的財産（家の名誉・家名）を存続させるため、自分の利益や感情を犠牲にさせられる。

マルク・ブロックは中世の領主制について、「経済集団と統治集団の融合」を指摘した。ブルデューはこれが、フランスとイギリスの王位にも最近の時代まで当てはまるという。すなわち家父長の権威が支配の型をなし、親族関係をモデルにして政治関係が思考されている。権力は忠誠関係であり、「施し」を通して維持される人格的・感情的関係に立脚してきた。王朝国家はその官僚制においてさえ、「家」に従属していた。王に仕える家族の正統性の原理は、血縁を保証する家系図であった。在位期間だけ国家を体現する国王に対する国家の超越性は、王冠＝「家」の超越性であり、王朝国家の超越性であった。カントロヴィッチのいう「王の二つの身体」という神話は、超越的な制度と、それを体現する人格との二重性を表していた。国王は政策を、家の繁栄に奉仕させることを社会的に委任されているが、そこでは婚姻戦略が決定的な役割を果たす。多くの婚姻戦略は、君主という人格のなかで成立する王朝の一体性を用いて、領土拡大を促進してきた。

王家がライバルとの競争に勝つために、利用できる切り札は何か。ブルデューはエリアスが、唯一この問いをはっきり提起したが、「強い者が勝つ」式の同語反復（トートロジー）的な指摘で終わってしまったという（p.50）。国王は至上権と封建領主権を兼ね備え、君主という至上の立場で封建的論理を用い、象徴資本の原始的蓄積を特権的に行うことができた。国王という地位そのものが、他の人々の信用・承認の連鎖に基づく特別な象徴財である。しかも国王は中心の座に位置するため、国王を通じてしか意思疎通できない人々の情報を入手し、協力関係を監視できる。争いに対して高みに身を置き、仲裁者の役割を果たす。国王はその地位によって、象徴資本を集中させることができたのである。

7　家と国家、二つの原理の矛盾こそが歴史を動かす

資本の原始的蓄積は、ひとりの人間を利する形で行われる。国王は経済的権力と象徴的権力（＝資本）を自らに集中させ、「人格的に」＝贈与の形で、それらを再分配していく。初期の官僚制国家（とその学校的な再生産様式）はそれ自体、世襲的な「家」の個人的財産にとどまっていたという。国王が王朝内部で維持する家族的な再生産様式は、彼が他方で官僚制によって設立した業績・能力の基準とは、矛盾した関係にあった。当然、家族の論理と官僚制の論理、世襲主義と能力主義の間には矛盾が生じ、それが王朝国家の変容に決定的な役割を果たしていくのだが、「歴史家たちはほとんどの場合、『合理化』の諸要因のなかにそれらの矛盾を数え上げるのを忘れている」（p.53）。ブルデューのこの指摘は非常に重要だ。要因自体より、諸要因間の矛盾こそが歴史を動かしていくのであれば、家の論理と国家の論理が拮抗しあった王朝国家は、近代を知るうえでも重

要である。

「逆説的なことに、家族的なものと政治的なもの、王の家と国家理性とを混ぜ合わせた統治体制の両義性こそ、それが生み出す矛盾のゆえに、おそらくは官僚制を強化させていく主たる原理のひとつなのである。」(p.54)

親族構造の重圧と宮廷での闘争の脅威は、逆説的にも、親族から独立した権威の形態を発達させる原動力となった。国家は、企業内の世襲オーナーと能力で採用されたマネージャーの間にみられる対立と同種の対立の場となる。王朝内の闘争からの要請こそが、支配の分業の基盤となった。遺産相続者は自己存続のため、管理者たちに依存した。国王、国王の兄弟（王朝内の敵対者）、国王の使節＝大臣たち、という権力の三分割構造が、ほぼ普遍的にみられる。国王は兄弟たちの権力を制限し監視するために大臣を必要とするし、大臣の権力を制限・監視するためには兄弟を利用する。農業型帝国やフランス王朝では、君主に家系上近い者と君主の寵臣との終わりなき闘争が繰り広げられてきたという。

「かくして支配の原始的分業の基本法則を提示することができよう。王位継承者、再生産の能力を与えられているが政治的には無能化された王朝内の競争相手、ならびに政治的には強力だが再生産の能力を剥奪されている献身者のあいだの分業である。」(57-58)

王朝国家が形成され、権力界が分化し、支配の分業の兆しが成立するにつれて、権力界内部の再生産様式の混合した、両義的な、矛盾した性格が加速されていく。王朝国家は、世襲・血統・家柄のイデオロギーにもとづく再生産様式を存続させながら、国家官僚制において制度化される公務員集団と学校教育による再生産様式をも発展させ、二つの相互に排他的で矛盾する再生産様式が共存してゆく。後者は前者の正当性を掘り崩し、王朝的な再生産様式を根底から覆す傾向をもつ。「王朝国家から官僚制国家への移行は、新しい貴族階級、『国家貴族』（あるいは法服貴族）が古い貴族階級、血統貴族を追い払う運動と不可分の関係にある。」(62-63)

王朝国家は、非人格的な官僚制の要因を内包しながらも、なお国王の人格に依拠しつづける。「この国家は、異なるさまざまな種類の資本、多様な形態の権力と物質的ならびに象徴的資源（貨幣、さまざまな栄誉、資格、免除、優遇措置）を国王の手に集中させる。」（p.63）国王は選択的な再配分によって依存関係や個人的恩恵を作り出し、自らの権力を存続させる。課税を通して集められた貨幣は、兵士・公務員・行政官・司法官といった特殊なカテゴリーの人々に再配分される。だから国家の生成は、国家と強く結びつき国家の作動に利害を抱く人々の集団の生成とセットであった。

8　国王・宮廷が操った象徴資本

ここでは再び象徴資本に視点を戻し、章を結んでおく。宮廷は、公的と同時に私的な空間であり、国王という至高の人格のために、社会関係資本と象徴資本を集中させた空間であった（『国家の神秘』p.67）。ルイ14世の有名な言葉「国家、それは私である（朕は国家なり）」は、王朝国家の公的秩序と私的秩序の融合を表していた。

象徴資本はまず、君主の人格の上に集中された。税収の家産制的・封建的使用では、君主は周囲の競争相手の承認を得るため、税の重要部分を贈与（施し）に当て、徴税の正統性を承認させたのに対し、税収の官僚的使用ではそれを「公共支出」として支出するという（『実践理性』p.137）。前者から後者への漸進的な移行は、王朝国家から非人称的国家への転換の一要素であった。ブルデューのこの対比的説明は示唆深い。近代官僚制が徴税の正統性を公共支出によって裏づけるのに対して、王朝国家では国王が周囲に対し人格的に贈与・施しを行うことで、徴税を正統づけた。王が象徴資本を「人格」に集中させることで再分配を行う、これが宮廷社会の仕組みだったのである。

また象徴資本は、国家がもつ任命権という権力の基礎となった。たとえば国王は、貴族が追い求める名誉の流通を管理しようとした。聖職禄、騎士修道会の勲位、軍事的任務、宮廷の官職、爵位授与権などである。貴族身分には、生まれによる世襲貴族と、国王によって授爵されつくられた貴族との区別があり、貴族のなかでも優越の差は重要な意味をもった。爵位授与権を国王が握るにつれて、身分上の名誉に代わって国家が与える名誉が重きをなしていく。後者は、国家が管理する市場の全域で価値をもつようになる。官職や名誉の形で象徴資本を分配することで、国王の力も増大の一途をたどる。文化資本によって地位を得る法服貴族の登場により、象徴資本は官職表の論理に近づき、単なるコンセンサスにもとづく象徴資本の段階から、客観化された象徴資本へ、国家によってコード化され、保証され、官僚化された象徴資本へと移行が進む。奢侈取締令は、貴族層内部のヒエラルキーを具体的に表し、象徴資本のコード化の典型例であった。爵位授与権や任命権を独占することで、国家は名誉を配分する。国家は象徴資本の銀行のような存在だとブルデューは指摘する（同 146-148）。

エリアスの宮廷社会論でも、国王は貴族に名誉を与えつづけることで、市民エリートとの権力バランスを図り、象徴資本を支配に利用していた。ただしエリアスの分析は、主に18世紀まで、近代官僚制の手前で終わっている。彼が描いた宮廷的合理性の射程は、果たして本当に17～18世紀の近世の時代でおおよそ完結していたのだろうか。次章では国家形成の観点から、さらに検討を掘り下げてみよう。

第10章　国家形成の歴史と現代の「貴族」――エリアスとブルデューの接続（2）

多田　治

前章ではエリアスの宮廷社会論のエッセンスを取り出し、ブルデューの象徴資本論と関係づけた。本章では『文明化の過程』下巻からエリアスの国家形成論を整理したうえで、再びブルデューの国家形成や象徴戦略、さらには国家貴族の議論と関係づけてゆく。

1　エリアスの国家形成論

1-1　ヨーロッパ中世封建社会

近代国家の形成プロセスを知るにはその前提として、中世の封建社会がいかなるもので、それがどう形成され、解体されたのかを知っておくことも大切になる。国家へ集権化・独占が進む近世（近代初期）の前段階、すなわち中世は封建社会であり、細分化された領地への脱中心化、遠心力が働いていた。そこからいかに強力な国家への再中心化、求心力が働いていくのかというのは、ヨーロッパや日本の歴史を考えるうえでも興味深い問題だ。

エリアスはここでもフランスを中心に取り上げ、（フランスの地理的位置にあった）カロリンガ王朝（8～10世紀）から記述を始める。その時期すでに、条約によって国境線が定められ、形成途上の国家・民族・国民が一応分けられたが、内部の結合はまだ固まらず、遠心的でばらばらに離れる諸力が強かったという。

広大な帝国は、王が一人で全域を管理できず、部下を各地に派遣して監督させねばならない。カール大帝（在位 768-814）は部下の奉仕に貨幣でなく、封土として土地を与えた。地方を任された者は自分と部下を、土地からとれるもので養った。彼ら領邦君主は中央権力の代理人でありながら、すきを見ては与えられた土地を私物化して世襲し、独立のため戦った。王家の直領地も小さく、他の領邦君主と比べて突出した力を持たなかった。

一方でエリアスは、自然経済が支配的な間は、安定した官僚制度による中央集権化は進まないと指摘する（『文明化』下p.36）。道路状態がまだ悪く交通・輸送が未発達の段階では、地域の自給自足が主流で、地域間の相互依存は少ない。この相互依存が増大して初めて、大きな地域にわたって安定性をもつ中央機関が設立されうるのだという。ゆっくりと諸地方が編み合わされ、つながりが密になり分業が進むと、交換の手段として貨幣の必要が増大する。[注1]そうなる前の段階では、中央支配者が征服した土地の処分権限は、中央にとどまらずに各地の領主に移され分散化してしまう。これが「封建化」の特徴であった。[注2]

中世は近世以降の金銭所有とは異なり、土地所有が本質的な形であった。より多くの生産手段の獲得へと駆り立てる社会の構造から、戦士身分の者たちの意識は家門勢力を伸ばすため、土地の保持・拡大へと向かった。この時代、政治的機能と軍事的機能は、まだ経済的機能から分化していなかった。中央の統合力のなさは封建領主たちへの権力の分散・脱集権化をもたらしたが、その流

注1「文明化の過程を理解する上でとりわけ重要なのはこれらの社会過程、すなわち『自然ないし家内経済』、『貨幣経済』、『かなり多数の人間の相互編み合せ』、『個々の人間の社会への依存度の変化』、『機能分担の増大』その他これに類する言葉で本来考えられているものについて非常に具体的に考えることである。」(p.37) 生産者と消費者をつなぐ連鎖が長くなり、分業が細分化したときに、貨幣は人々が使う道具であり、しかも貨幣は分業の細分化をさらに促進してゆく。つまりエリアスは貨幣経済の浸透に、相互依存・機能分担の増大という、社会的な編み合わせの拡大・変化を読みとっているのである。

注2 封建制に関連してエリアスは、ウェーバーの方法論を批判し、**理念型・類型**ではなく**類似性**に依拠すべきだと主張しており、注目に値する。「異なった人間や社会の間で似たものとして観察者の目にうつるものは理念型、観察者の頭のなかの操作で初めてつくりだされる『類型』ではなくて、社会構造そのものの間に実在する類似性である。もしこの類似性が欠けていれば、歴史家が行なう観念的類型形成も成功しない。『理念型』という概念に対立する概念を考えるとすれば、それは現実型である。もう一度繰り返すと、異なった封建社会間に認められる類似性は、思考による人工的産物ではなくて、同じような種類の編み合せが内包している強制の結果である。この強制が単に『理念』のなかだけでなく、現実にこの地球上の社会のさまざまな時代、さまざまな場所において、類似した歴史的経過、同質の人間同士の結びつき方と制度を生じさせるのである。」(p.53)「類型から類似性へ」、ヒントになる視点だ。

れは人口増加とともに、領主たち同士の競争と緊張を高め、結局は強大な力をもつ支配者に頼って守ってもらう方向、再集権化を誘発していった。

1-2　独占形成の仕組み

エリアスは、中央集権的な国家形成が進むには、領土の規模が適度な大きさにあることが重要で、フランスやイギリスの集権的統一が早く成功したのもこの要因が大きいという。

ヨーロッパの近世社会の特徴は、**独占形成**にある。軍事力を自由に行使できる権利と、土地収入からの徴税権が、個人から取り上げられ、中央権力のものとされた。中央権力に集中された「財力が暴力独占を維持し、その暴力独占が貢租独占を維持する」(p.161)。この二つの独占が他の諸独占の基礎となり、そのまわりに一連の独占が結晶していく。軍事力と徴税権の永続的独占が形成されて初めて、支配単位は「国家」の形をとってゆく。

「問題はいかにして、また何故にこのような独占が形成されるようになったかである。」(p.162) この問いは前章でもふれたが、ブルデューに「唯一、この問いをはっきりと提起した人物」と、エリアスを高く評価させた当の問いである(『国家の神秘』p.50)。ただしその回答は「ほとんど同語反復」で終わっているとの留保つきでもあった。ブルデューも引用した「独占形成の仕組み」の説明を、ここでも引用しておこう。

「比較的大きなひとつの社会単位において、比較的小規模な社会単位の多くが、それらは相互依存によってそのより大きな社会を構成しているわけだが、その小さな社会単位が比較的同じような社会的勢力を持ち、したがって自由に――すでに存在する独占によって妨げられることなく――相互に社会的勢力を強化するための機会、とりわけ生活手段および生産手段をめぐって競争できるとき、あるものが勝ち、他のものが負け、その結果として次第にますます少数のものが、ますます多くの機会を自由にし、ますます多くのものが首位争いから排除されざるをえないし、直接あるいは間接的にますます少数のもの

に依存するものが増大する、ということは大いにありうることである。」（『過程』下p.163）

関係論を重視するエリアスはここでも、大切なのは編み合せのなかの個々の人間だけでなく、社会結合全体、領邦・国家のあり方なのだと強調する。一連の激しい争い・動乱を経て、突出した独占者がひとたび出現・確立すると、自由な独立した騎士に代って宮廷騎士、さらには廷臣が社会の表舞台に出てくる。並行してエリアスが「文明化」と言った方向へ、情感・衝動・思考・態度の構造が変化してゆくという。

こうした独占形成・中央集権化は、近世の絶対王政の特徴だが、エリアスはこの過程について、一部の者が「自由」になり、他のますます多くの者が「制限される」といった単純な理解をしてはいけないと注意する。むしろ独占形成に伴い社会的図柄はより緊密化し、人びとは相互依存を深めるが、序列のトップに立つ独占者も同じく図柄の拘束を受けてゆく。編み合わせが大きくなり分業化が進むほど、独占者の支配領域は独自の法則性をおび王個人の手を離れ、支配の機能分担が進み、ひとりで自由に操れるものではなくなる。

今日の「国家予算」は、封建時代の支配者の家門の「私的家計」から発展したという。もともと収入・支出に「私的／公的」の区別はなく、公私は混同されていた。支配者の収入は彼らの家領・直領地からのもので、支出の配分も自分の意のままにできた。フランス絶対王政の予算の組み方にも、私的支出と公的支出の区別はまだなかった。機能分担が進むと、独占の収益を自分のためにだけ使うことはできなくなった。奉仕者たちへの依存度が大きくなるにつれて、より多くの部分を分配せねばならなくなる。

封建貴族と宮廷貴族の相違は、中世と近世のちがいを表している。前者では個々の家門の社会的勢力が重要で、貴族間の自由な闘争では暴力が直接使用された。後者では、宮廷君主が暴力を独占したおかげで、貴族間の争いでも暴力の直接使用は大幅に排除された。競争の手段は上品に洗練され、情感表出が抑制され「文明化」していった（中世→近世）。その次の段階では、暴力と租税の独占が、市民階層によって引き継がれるとエリアスは指摘する。フランス革命等を通じて彼らが得たのは「独占の破壊」ではなく、独占を存続させながら、その分配方法を変えることであった。独占への支配権は、いまや一人の絶対君主でなく、階層全体によって左右されてゆく。より民主的な政治体制であり、私的独占から公的独占に切り替わる段階である（近世→近代）。エリアスのいう独占の仕組みは、以上のような**独占形成**と**公的独占**という、2段階に区別されている。

2　ブルデューの国家論

2-1　公と私の区別

以上のエリアスの知見は、中世から出発して近世ヨーロッパの国家形成プロセスを解き明かした点が示唆深い。ここでは一般的な流れに特化したが、『文明化の過程』では豊富な史実が挙げられ、家門間の競争・統合・独占が進んだプロセスも具体的に詳述されている。とはいえ、未分化だった「公と私」がいかに分化していくのか、公的独占への主要因とされる支配の機能分担がどう進んだのかは、充分に論じられていない。そこで本章でも再びブルデューの国家論を接続し、これらの問題をより掘り下げてゆく。

前章では、近世ヨーロッパの王朝国家が支配の分業に伴い、世襲・血統・家柄のイデオロギーにもとづく再生産様式と、学校教育による公務員養成という能力主義の再生産様式と、二つの矛盾した様式が共存していくことをみた。課税を通して国家に集められた貨幣は、兵士・公務員・行政官・司法官など、国家に直接奉仕する職務の人々に再配分された。国家の生成は、国家と直接結びつき国家の作動に利害を抱く集団の生成とセットだった。

国家をつくるための闘争は、国家に結びつく利潤を私的に自分のものにする闘争と不可分であったという。王朝国家は、土地から貨幣へと報酬の形が変わるなかで、税収の配分を誰が司るかをめぐって、少数者による公的資源の私的自己固有化を制度化していった。ブルデューは結局、公的・普遍的なものを自己固有化することに特殊な私的利害が存在する以上、王朝国家の両義性は永続するし、王朝国家の消滅後も別の見かけのもとに存続する、と指摘する（『国家の神秘』p.64）。14世紀以降みられた官職の売買と世襲制はその典型だ。支配の分業において公僕は、代理・仲介という立場から個別利益を引き出すことができた。

こうした状況から、「公私の区別」という発想は出てきた。公私の区別が最初に主張されたのは、権力を担う圏域においてであり、そうした主張から公的権力という政治秩序が立ち上げられ、家族・王室・私的なものとは一線を画した独自の「国家理性」として位置づけられた。公と私の区別は、最終的には社会生活全域に広がるが、国王とともに、国王や側近の思考のなかで始まったという。というのも王権国家では、国家機関に属する資源・利益と、国王の人格に属する資源・利益が混同される点に特徴があった。官僚制国家はこの公と私の融合に逆らって、役職と役人、公的利益と私的・特殊利益の分離、役人の無私無欲の美徳を前提として成立する。

国家の脱封建化は、学校教育による再生産様式の発展と連動している。大学は12世紀に出現し、君主の奨励で14世紀からヨーロッパで急速に増大し、国家に仕える役人を教育する役割を果たしてきた。教育の発展と相関して、役職の世襲は公権力による選任に変わり、貴族の文官化・脱軍人化が進む。封建貴族は国王に任命される役人に転身していき、国王会議は行政機関となった。こうして自分の地位を専門能力に依拠する公務員集団が出現した。「文官の台頭にともなって、国家は出現したのであり、文官をつくりあげた国家を文官たちがつくりだした、あるいは文官たちは国家をつくることによって自らをつくりだした」。（同 p.71）文官たちは独自の再生産様式をもち、上層官僚は大学から来て、徐々に独自の制度を構築した。典型的なのが高等法院、法の番人で、文書作成や法律といった特殊な資源を担い、早くから国家的資源の独占を手に入れ、権力の合理化に貢献した。注3

文官たちは合理的な官僚制のハビトゥスを生成し、「慎重さという徳、感情的衝動を制御し、知性に照らして明敏にふるまい、節度を守る徳や、思考を司る手段としての礼儀正しさを発明した。」（p.72）エリアスが国家を「文明化」の原理としたのに対して、歴史家ジョルジュ・デュビィは逆に、文官による礼儀の発明のほうが国家の発明に寄与したのだと示唆しており、ブルデューはデュビィのほうが正当だと判断を下している。

「法的擬制としての国家とは、公的な事柄についての遂行的言説である国家論を生み出すことによって国家を生み出すのに寄与

注3　ブルデューは合わせて事務机・署名・公印・辞令・資格証書・証明書・帳簿記録・登記・通達などの発明も、近代官僚制の成立に貢献したと指摘する。これらは非人称で交換可能で、「合理性」の見かけをもちながらも魔術的効果をそなえた権力の形態である。

した法学者たちによるフィクションである。」（p.72）彼らの政治哲学は、対象を記述するものでなく、対象を生産し予言するものであった。法的思考が国家制度の誕生に対して行った創造的な寄与を、理解する必要がある。現実を理解する概念も現実の一部であり、現実をつくることに貢献している。法的思考は単なる理論的記述でなく、実践的処方箋としても機能してきた。こうした政治的著述は、当時の国家構築の文脈と連動していた。法学者が発明した「公益性」概念を認めさせようとして書いた著作は、彼ら自身がそれを通して結びついた「公共奉仕」の優先性を主張することにより、自分たちの優先権を認めさせようとした戦略でもあった。

2-2　象徴資本の一環としての法律資本の集中化

法律資本は、象徴資本の客観化・コード化された形態である（『実践理性』p.143）。その集中過程は、軍事資本や財政資本の集中と並行しながらも、独自の論理に従っていた。12～13世紀ヨーロッパには、複数の法体系と裁判権（教会裁判権と世俗裁判権）が並立し、領地ごとに別々の裁判権が乱立したが、国王裁判権は社会全体に少しずつ浸透していく。

国王と法律家の協議や意図・計画があったわけでもないが、裁判権は国王のもとに集中する方向へ、法的装置が整えられていった。特に法律家は、王国のすべての裁判権を国王のもとにおく上訴理論を展開した。地方で敗訴した者が王に嘆願していた慣習が、徐々に上訴となっていった。封建領主の法廷の裁判官は、職業的法律家に席を譲っていった。王権は、「国王こそ共通利益を代表し、万人に安全と正義を負う」という正統化の理論を編み出した法律家の特殊利益に支えられて強化するとともに、封建領主や教会の裁判権を制限していく。法的資本の集中化は差異化過程を伴い、自律的な法律界が構築されていった。国家の核となる法律―行政構造の構築は、法律家集団の構築と並行して進んだ。法律資本の集中化は、さまざまな形の象徴資本の集中化という、より広範な過程の一側面であった。

2-3　法服貴族たちの象徴戦略

ブルデューは歴史学の諸知見から、国家に奉仕する**国家貴族**は当初、**法服貴族**として登場し、この国家貴族と、特権保証となる学校証書とは、相関的に発明されたという（『国家貴族』Ⅱ、p.680）。国家貴族の権力と権威は、学歴に基礎を置いていた。彼らは官僚権力の役職を、帯刀貴族や聖職者といった既存の世俗的・宗教的諸権力から独立させて制度化し、学校制度で認定される権能の名のもと、官僚の役職に着任する資格をそなえた者たちの世襲的な集団を創設していった。

16～17世紀ヨーロッパ諸国の大学人口の拡張は、教会と国家の官僚機構の展開と相関していた。書籍文化に聖職者や法曹関係者だけでなく貴族も触れるようになり、コレージュの拡大とともに富裕層向けの寄宿学校が増加した。これらと合わせ、国家の高級官吏職団と、彼らの再生産戦略システム＝教育・結婚・象徴戦略が構築された。「象徴戦略が必要なのは、法服貴族なるものの観念を発明し、それを受け入れさせ、彼らを国家に特権的に結びつける新しい表象体系、『公共奉仕』の思想ないし理想に見られるような表象体系を発明し、それを受け入れさせるためであった。」（同681-682）高等法院の司法官たちが教育にもつ関心は、彼らの職団としての成立と同じくらい古く、同じ学校出身であることの親近感は、新しいタイプの職団精神の形成にも意味をもったようだとブルデューは推察する。

法服貴族を帯刀貴族や聖職者と対立させ、書物による教育を騎士道教育と対立させる競争のなかで、官僚界の自律性が確立され、職団が構築された。この職団では支配原理と支配の正統化原理（学校教育）とが新たな形で結びつき、（聖職者的な）文化資本と（貴族的な）遺産継承、公共奉仕の献身とが結合して、新しいタイプの身分が誕生した。高等法院の人々は、よく思われているように貴族を排斥して自らを構築したのでなく、旧貴族の本質を併合しながら、貴族の相当部分を自分たちの内に合体したのだという。すなわち、貴族称号と卒業証書は相互排他的で前者から後者へ移行したという常識的な見方とは異なり、貴族称号・遺産継承と卒業証書はむしろ両立し、前者は後者のなかに組み込まれていったわけである。

中世末期の行政機構の研究者フランソワーズ・オトランによれば、実は高等法院の法服貴族の出現以前の段階で、そもそも貴族なるものは、高等法院の集団を受け入れうるような、「公共奉仕」という観念を内包していたという。貴族は新旧どちらであれ王に仕え、公共に奉仕してきた。高等法院こそ、貴族のこうした側面を重んじる場所であった。現代のテクノクラートをその後継者とする法服貴族は、国家を創生することで自らを創生した集団であった。古い貴族たちの「王への奉仕」は、貴族の出生が彼らに課した宿命・属性（パーソンズ的 ascription）であった。対して国家への献身としての「公共奉仕」は、継承というよりは天職によって決せられる選択であり、意識的に引き受けた職業（ウェーバー的 Beruf）であり、勉学によって習得した専門能力を前提とした。この移行・転換をもたらすため、国家貴族たちは何世代にもわたって政治哲学・理論を編み出し、「一般利益への無私の態度の献身としての公共奉仕」という公的な表象を構築していったという。この種の思想家たちが時代横断的に共有したのは、市民の義務を真摯に受けとめる意思や、知識を国家における行動の導き手とする意思であった。

たとえばダゲソーという、自身は由緒正しい法院家系にありつつも、近代テクノクラートの最初の体現者とされる高等法院官が、「検察官の独立性」について1693年に行った講演は、古い貴族から新しい貴族への移行と後者の美徳について多くを語っている。

「あらゆる身分がほぼ全般的な隷属的位置におかれている中で、司法官に劣らず由緒があり、美徳の女神と同じくらい気高く、正義の女神と同じくらい大事な職団があり、固有の性格において際立っている。そして、数ある身分の中で、この団体だけが、自らの独立性を心おきなく穏やかに堅持する中で、常に自己を保っている。（中略）あの誉れ高き家名にしたところで、徳だけが人を高貴にする職業には、何の助けにもならないのだ。この職業においては、人は、父親がなにをしたかによってではなく、彼が何をするかによって評価される。能力は、金銭で買えない唯一の財産である。」（p.687）

才能と結びついた適材適所、出生と官職売買の批判に加え、公衆・公共に対する無私の態度の精神と献身を高らかに称賛することで、彼は新たなタイプの資本と正統性を基礎づけている。生まれや家柄でなく、徳と能力だけが、本当の意味で人を高貴にすると言う。国家貴族が自己を構築し、自己に正統性を与える言説の典型である。

ブルデューは、こうした自己正当化のシステムが、新たな再生産様式の発展が進んだ後にようやく利益をもたらす諸要素を、あらかじめ仕込んでおく必要があったと指摘する。講演当時、学校証書にもとづく能力主義はまだ充分に広まる前段階であった。当時ダゲソーのような立場の人々は、権力界の中で被支配的な位置にあり、被支配的位置にいる支配者が自らの利益を拡大するためには、「公衆」「無私」「公共奉仕」のような普遍的な価値観に自己の利益を結びつける必要があったという。普遍的価値観を利害ぬきで擁護・称揚することが、逆説的にも自己利益になりうるという、「普遍性」がもたらす特殊利益である。

2-4　支配の分業と普遍性

国家が国王の人格から分離し、人格的権力から官僚制的権力へ、王朝的原理から司法的原理への長い移行が進むなかで、国王は権限を委託された者たちの長い連鎖のネットワークのなかに分解されたかのようになるという。指導者の権力が増大するにつれて、支配の分業も不可避に進み、実行の仲介ネットワーク全体に対する指導者の依存もより大きくなる（エリアスの社会的図柄と機能分担）。

委任の連鎖の延長により複雑な権力構造が発達しても、経済・象徴資本の私的な着服は簡単にはなくならないという。官僚制の界は、王朝的・人格的原理と司法的・非人格的原理に引き裂かれているような面があり、職務と人格の分離は少しずつしか進まない。だからこそ「公と私の分離」という表象は、官僚制の界において形成されてもきた。「皮肉なことに公的次元の困難な生成は、公という資本の出現と蓄積、ならびに官僚制の界の出現と軌を一にして起こったのである。官僚制の界は、この資本の制御とそれに相関する権力の制御、とりわけ公共的資源の再分配とそれに結びついた利潤に対する権力の制御をめぐる争いの場である。」（『国家の神秘』p.79、強調はブルデュー）

官僚制の界は、王朝国家の世襲的論理に逆らって徐々に確立されたが、それは国家資本とその物質的・象徴的利益をめぐる争いの場となる。しかもこの争いは事実上、教育資本の世襲的な所有によって選ばれた少数の権利主張者だけに限定されていたのである。

国家による物理的・象徴的暴力の独占の構築は、この独占に付随する利得の独占をめぐる闘争界の構築と切り離せないと、ブルデューは言う（『実践理性』p.158）。特殊利益を越えた「普遍性」は、国家において立ち上げられるが、この「普遍性」はまた、一部の人びとによって独占されてしまう。だが、「この普遍性の独占は、普遍性への（少なくとも外見上の）従属と、無私無欲な正統的支配として提示される支配の普遍的表象の普遍的承認を代価に払って獲得されます。」（同p.159、強調はブルデュー）ブルデューは、たとえ官僚たちの独占闘争から生まれたにせよ、「中立性や公共善への無私の献身」といった普遍的価値が、国家官僚たちに現実的な効果を持ってもきたことを強調する。「普遍化がもたらす利益こそ、おそらく普遍性を進歩させた歴史的動因の一つです。普遍化することによって期待される利益が、普遍的価値（理性、美徳など）が少なくとも言葉の上で承認される宇宙の創設に有利にはたらくからです。」（p.160）普遍性に従うこと自体が、官僚たち自身の特殊利益につながるとしても、だからこそ官僚界が普遍性を前に進めてきたのでもあり、この普遍化と特殊利益の関係は、相互循環的に強化しあう国家形成のプロセスとなってきたのである。

3　現代の「貴族」

3-1　聖別の儀礼

『国家貴族』において以上のような歴史叙述は、現代の学歴エリートの分析とセットになっている。ブルデューはフランスのエリート校・グランドゼコール入学準備クラスの詳細な分析にも、ここまで歴史的にみてきた「貴族」の視点を持ち込む。そこにもエリアスが関係するので、いったん話題は少しずれるが、合わせて見てみよう。

この学校エリートの分析にブルデューは、デュルケームの宗教研究の「**聖と俗**」概念を転用する。エリート校は、選ばれた生徒を聖別する機能を果たし、教育上の諸行事はそれ自体、**聖別の儀礼**であるという。選別は「選出」、試験は「試練」、訓練は「修行」、孤立は「入会儀礼的な隠遁」、技能はカリスマ的資格として、分離と資格授与の魔術的操作を行っている。つまり聖別とは、「単に区別され、分離されるだけでなく、それに値する存在と認知され、自らもそう認める」(『国家貴族』Ⅰ、p.180) ことである。このプロセスで新入生は自己の表象を変化させ、一般の「俗」から引き離されることで聖別され、存在自体が変わっている。[注4]

儀礼は、ある恣意的な境界線を聖別し（社会的に認知・承認し）、正統化する。儀礼は目につかずに済ませる効果をもち、現実の表象に働きかけることで、現実そのものに作用を及ぼす。任命が発揮する象徴的な効力は、聖別された人物を現実に変身させる（2章図2－1）。ブルデューはこれを単なる通過儀礼と言わず、聖別の儀礼、制定の儀礼と言う。

入学試験は合格者と不合格者、合格最低点と次点の間に、絶対的な不連続の線引きを行う。学業上の認知はきわめて社会的な操作であり、選ばれた者を聖別する卓越性を万人の合意によって保証し、公にする。この社会的境界は、以後の社会関係を固定化してゆく。成績の連続体から二集団を切り離し聖別する分類・分業の操作は、マルク・ブロックのいう中世の騎士叙任式にならって、身分を設定する叙階行為でもあるとブルデューは言う。

「魔術的に生産され、司法的に保証された社会世界の正統的区分の設定である。軍隊の貴族のように、学校貴族も人より優れた本質をもった個人の集合体である。」(同 p.181)

ブルデューはこの叙任行為を、広い意味での貴族階級の産出とする見方を提示する。エリートの境界内への加入を認められた人々は、立場を維持するための束縛と犠牲を甘受し、特権を義務として、公共奉仕として生きなければならない。重要なのは、選別が選ばれた者に、自らの個人的尊厳を認知させる効果であり、心がまえを形成した生徒はさらに学業に打ち込む。こうして聖別の象徴的儀礼は、現実的な社会的効果をもたらすのである。

注4　ブルデューはこの知見を、デュルケーム『宗教生活の原初形態』（下p.136）の消極的礼拝・禁欲儀礼の記述から借りて重ねる。「規定された禁止に服する人は、その後は、以前と同じではない。以前には、この理由から、宗教力から離れていなければならなかった普通の存在であった。以後は、宗教力と、より対等の地歩を占めている。俗から遠ざかったというだけで、聖に接近しているからである。その性質に重荷を負わせてきた低級なくだらぬ物から脱却したことだけで、浄化され、聖化されるのである。」

ラテン語や数学、スポーツ等、教えられる内容自体より、真に役割を果たすのはそれらの形式的・禁欲的な演習であり、その完遂に達成感や自己正当化が見出される。この「なせばなる」主義は、技術的有効性への集団的信仰に根ざしているという。

ブルデューはこうした学校エリートに、エリアスが描いた「貴族」（ノブレス）を見出す。

「人は貴族に生まれるが貴族になるのである。貴族でなければ貴族として振る舞うことはできない。しかし、貴族的に振る舞わなければ、貴族でなくなるのである。言い方をかえれば、社会的魔術はしっかり現実的な効果を発揮するのである。」(p.197)

上位グループへの振り分けが、その人物に主観的な変容を引き起こし、真の変容へ努力を促され、差異は増幅される。貴族性の証としての落ち着いた態度とともに、業績と高評価を獲得してゆく。学校貴族のうち、真に成功と見返りを得るのは一部だとしても、成功の可能性が名目上与えられた集団に属するという象徴資本は、全員が享受できる。のちに幻滅を味わおうとも、修了証書の効果は完全には消えず、破産貴族も貴族であり続ける。

3-2　技術と象徴のあいまいな関係

学校制度は技術的能力の再生産を通して、社会的権力の行使能力を合法的に認知する面をもつ。聖別の魔術的・象徴的行為は、他では宗教機関の仕事だが、学校は今日その重要な役割を担っているという。修了証書は社会的アイデンティティの決定的な属性となる。

学校は技術的能力と同時に、社会的な権能・尊厳をも付与する。技術はいつでも低下や時代遅れの恐れがあるが、社会的尊厳は、所有者がいる限り不滅である。修了証書において、技術と社会的尊厳の配分を一律に決めることはできない。「能力と社会的尊厳、なすことと人となり、技術と象徴とに与えられる分け前は、彼らが手にすることができる免状や役職の階層的な位置によって大きく変化する」(p.211)。階層の下に行くに従い、していることによる規定に服し、階層の上に行くに従い、人となりによる規定に服すのだという。

ブルデューは、学校免状がそれ自体、象徴闘争の武器かつ争奪対象になると指摘する（例・就活）。免状や役職の象徴的次元か技術的次元のどちらを優先するかも争点となり、企業の採用側は象徴的次元より技術的能力を重視したがるという。学校免状は象徴的な効果として、権利上の能力を付与するが、権利上の能力は、事実上の能力に対応することもあればしないこともある。だが免状の無期限性のため、権利上の能力はあらゆる市場で認知されることを要求しうるのである。「象徴的なものと技術的なものとの間、名目的なものと現実的なものとの間に生じる乖離が恒常的に存在し（中略）、名目を現実になり、現実を名目になり合致させようと目論む戦略の可能性が無限に開けてくる。」（p.217）

3-3 「合理化」の魔術

免状の技術的・実質的側面と象徴的・身分的側面の区分はあいまいで、切り離しがたく結びついている。これに関してブルデューは、ウェーバーの過度な類型化に批判を加える。

「学校はもろもろの能力の産出と証明の技術的機能と、権力と特権の保持、聖別の社会的機能とを同時に手中にしている。（中略）マックス・ウェーバーは、選別と補充の方法の合理化を、専門職務にむけて特別に準備された専門家への需要を作り出し、絶えず増大させる近代の大規模官僚制の発達へと結びつけたとき、教育システムについてにせよ、官僚制システムについてにせよ、技術的諸機能の社会的諸機能からの自律性を過大評価していたことになる。」（『再生産』p.191）

ウェーバーによれば、官僚制の発達は教育制度の発達と並行していた。彼は教育や試験の合理化過程を、官僚制の合理化の一側面としてとらえた。だが試験が合理化されても、それが実際に民主化に貢献しているかどうかには、両義的な態度をみせていた。『民主制』は、民主制自体によって促進された官僚制化のあらゆる諸現象に対してと同様に、専門試験に対してもまた、分裂的な態度をとる。すなわち、一方においては、民主制は、名望家支配に代えて、あらゆる社会層から適格者を『選抜』することを意味しており、あるいは少なくとも意味しているようにみえる。しかし、他方において、それは、試験や教育免状によって特権的な『カースト』が成立することを恐れ、したがってそれらに対して闘争している。」（『支配の社会学』Ⅰ、p.136、強調はウェーバー）

彼はこうした試験・教育による新たな特権・身分の問題を、こう示唆するまでにとどまった。ウェーバーは理念型で、技術的能力と社会的身分を切り離して考えた。だがむしろ、両者の複雑に絡み合った、また絡み合うからこそ有効な関係をとらえなければならない。

技術的能力は、社会関係の中ではそれ自体が象徴的な価値をおび、それをもつ者は内在的な特性以上の身分を付与され、そのこと自体が「実力」という中立的な表象のもとに隠蔽され、見すごされることで正統性が強められる。ブルデューは、試験を合理的選別の過程としたウェーバーを、間違いではないが部分的だと指摘する。ウェーバーは、試験結果が貴族の身分・称号を与える象徴的・魔術的な側面を見落としていた。

ブルデューは学校教育が果たす合理化を、ウェーバーよりむしろフロイト的な意味の「合理化」だと指摘する。修了試験や競争試験は、合理性を必ずしも持たない分離を、合理的に正当化する。試験・学校が保証する技術的機能は、既存の社会的差異を維持強化し、社会的権能を身分的に継承する者（例えば「二世」）を聖別する面をもつ。学校貴族には、貴族の称号を学歴称号に転換したかつての家門貴族の末裔もかなり含まれているという（『超領域の人間学』88-89）。

3-4　宮廷社会とのアナロジー

明らかにブルデューは、国家貴族の歴史からの延長上で、現代の学校・学歴エリートを位置づけている。宮廷貴族から国家貴族～学歴エリートへの連続性を見出すとき、前章でみたエリアスの描いた宮廷社会論や宮廷的合理性は、必ずしも18世紀で終わったわけでなく、形を変えながら脈々と続いているとみることもできる。

『国家貴族』の学校エリートや権力界の分析は、膨大なデータをもとに緻密で複雑な知見を提示しており、ここで深く立ち入る余裕はない。だがブルデューが現代の学校や権力界に「貴族」の言葉を持ち込むとき、彼はそこにエリアスの宮廷社会論を重ねていた。

「今日、学校による再生産様式が保証する社会秩序は、実は、この再生産様式から最も大きな利益を得ている者たちにも多大の緊張を課するものなのです。それは、かつての宮廷社会が、宮廷に属するというまたとない特権を有していた者たちに課した緊張と同等のものです。」（『実践理性』56-57）

宮廷内の象徴的なふるまいや諸儀礼は、宮廷貴族たちが地位・威信・名誉＝象徴資本を保つために守るべき作法であり、彼らはそのために多大な緊張と犠牲を強いられた。ここで想起されるのは、エリアスの言う社会的図柄である。宮廷の緊密な関係性の網の目に生きる貴族たちは、彼らに特権を与えたその図柄によって、制約や拘束も受けた。今日の教育システムや権力界に生きるエリートたちもまた、地位や特権と同時に多大な緊張や束縛を受けることを、ブルデューは宮廷社会とのアナロジーでとらえた。歴史から比較参照すべきヒントを借りてくる際の社会学者の作法について、こう述べている。

「彼が目指すのは、一つの歴史＝物語を語ることではなく、社会世界の一状態ないし一出来事を分析すること（中略）であり、そこから、他の歴史対象に適用可能な理解と説明の原理を引き出すことである。この種の理論的探索が目指すところは、歴史上の一例を『可能態の個別例』としてあつかい、そこから、一般的であればあるほど後の適用において有意義な一まとまりの原理ないし仮説を引き出すことである。」（『国家貴族』Ⅰ、p.26）

これまでの章でも言及してきたが、歴史的事実を「可能態の個別例＝1特殊ケース」とみなして、そこに社会的関係性やプロセスのパターンを見出すこと自体が、別の社会・今日の社会をみる理論的パースペクティブを与えてくれる。理論と歴史の思考運動は、互いに相関しあっている。

学校世界や権力界は、今日版の宮廷社会なのだ。エリアス自身は18世紀までで議論を終えてしまったが、彼が描いた宮廷的合理性、名誉や威信、象徴資本を求めることが合理性をもつ世界は、今日まで形を変えながら続いてもいるのである。

主な参考文献

（原則として簡略表示とし、なるべく重複は避けるよう、重なる場合はメインで扱っている章の方に載せた。形式・順序等は章間で無理に統一せず、各章の特徴や方針に従っている。）

第1章

ピエール・ブルデュー、1977（原山哲訳、1993）『資本主義のハビトゥス』藤原書店
——、2002（丸山茂他訳、2007）『結婚戦略　家族と階級の再生産』藤原書店
ブルデュー＆パスロン、1970（宮島喬訳、1991）『再生産』藤原書店
ピエール・ブルデュー、1979（石井洋次郎訳、1990）『ディスタンクシオン』Ⅰ・Ⅱ、藤原書店
——、1997（加藤晴久訳、2009）『パスカル的省察』藤原書店
——、1984（石崎晴己他訳、1997）『ホモ・アカデミクス』藤原書店
——、2001（加藤晴久訳、2010）『科学の科学——コレージュ・ド・フランス最終講義』藤原書店

第2章

Bourdieu, P., 1977, 'Sur le pouvoir symbolique', *Annales*, 3.
ピエール・ブルデュー、1987（石崎晴己訳、1991）『構造と実践』藤原書店
——、1980（今村仁司他訳、1988-90）『実践感覚』1・2、みすず書房
山本哲士・福井憲彦、1986「『みえない権力』をみる　『象徴権力論』読解」『アクト』1、日本エディタースクール出版
エミール・デュルケム、1912（古野清人訳、1975）『宗教生活の原初形態』上・下、岩波文庫
マルセル・モース、1950（有地亨他訳、1973）『社会学と人類学』Ⅰ、弘文堂

第3章

荒井悠介、2009『ギャルとギャル男の文化人類学』新潮社

ポール・ウィリス、1977（熊沢誠・山田潤訳、1996）『ハマータウンの野郎ども』筑摩書房

上野俊哉、2005『アーバン・トライバル・スタディーズ』月曜社

大山昌彦、1998「ダンシング・イン・ザ・ストリート——茨城県A市におけるロックンロールをめぐる民族誌」東京都立大学社会人類学会編『社会人類学年報』Vol.24、弘文堂、29-51

シャロン・キンセラ、2005（青柳寛・石川未来訳）「ギャル文化と人種の越境」土佐昌樹・青柳寛編『越境するポピュラー文化と〈想像のアジア〉』めこん、43-71

佐藤郁哉、1984『暴走族のエスノグラフィー』新曜社

——、1985『ヤンキー・暴走族・社会人』新曜社

ロナルド・ザラディン、2011「ギャル男雑誌に描かれるジェンダー」『ソシオロジスト』13、武蔵大学社会学会、197-230

照山絢子、2013「ネイティヴ・エスノグラフィー」藤田結子・北村文編『現代エスノグラフィー　新しいフィールドワークの理論と実践』新曜社、68-73

成実弘至、2001「サブカルチャー」吉見俊哉編『カルチュラル・スタディーズ』講談社、93-122

難波功士、2007『族の系譜学——ユース・サブカルチャーズの戦後史』青弓社

キャサリン・ハキム、2011（田口未和訳、2012）『エロティック・キャピタル』共同通信社

ディック・ヘブディッジ、1979（山口淑子訳、1986）『サブカルチャー』未來社

三浦展、2001『マイホームレス・チャイルド』クラブハウス

宮台真司、2000『まぼろしの郊外』朝日新聞社

Miller, Laura, 2005, 'Bad Girl Photography', Miller & Bardsley eds., *Bad Girls of Japan*, Palgrave.

Thornton, Sarah, 1995, *Club Cultures: Music, Media and Subcultural Capital*, Polity Press.

第4章

勝川由実、2003「母乳保育推進政策に関する一考察　マラウイでの母乳保育を事例として」一橋大学大学院社会学研究科修士論文

永山聡子、2013「母乳育児支援の一考察」一橋大学大学院社会学研究科修士論文

ガブリエル・パーマー、2011（本郷寛子他訳、2015）『母乳育児のポリティクス』メディカ出版

林弘通、2010『20世紀乳加工技術史』辛書房

ボームスラグ&ミッチェルズ、1995（橋本武夫監訳、1999）『母乳育児の文化と真実』メディカ出版

村田泰子・伏見裕子、2016「明治期から昭和初期における小児科医の母乳への関心　『児科雑誌』の分析から」『関西学院大学社会学部紀要』124, 63-78

山内逸郎、1990「早期授乳と母乳確立」『周産期医学』20（臨時増刊）309-312

ラ・レーチェ・リーグ・インターナショナル、2000『改訂版だれでもできる母乳育児』メディカ出版

マースデン・ワーグナー、1994（井上裕美・河合蘭訳、2002）『WHO勧告にみる望ましい周産期ケアとその根拠』メディカ出版

第5章

Luhmann, Niklas, [1968] 2000, *Vertrauen. Ein Mechanismus der Reduktion sozialer Komplexität*. Lucius & Lucius Stuttgart, 4 Ausgabe.〔大庭健他訳、1990『信頼　社会的な複雑性の縮減メカニズム』勁草書房〕

——, 1970, *Soziologische Aufklärung*, Köln/Opladen: Westdeutscher Verlag.

——, 1971, 'Sinn als Grundbegriff der Soziologie' in J. Habermas/N. Luhmann, *Theorie der Gesellschaft oder Sozialtechnologie——Was leistet die Systemforschung?* Frankfurt a. M.: Suhrkamp.〔佐藤嘉一他訳、1987「社会学の根本概念としての意味」『ハーバーマス=ルーマン論争　批判理論と社会システム理論』木鐸社〕

——, 1984, *Soziale Systeme. Grundriß einer allgemeinen Theorie*. Frankfurt a. M.: Suhrkamp.〔佐藤勉監訳、1993-5『社会システム理論』上・

下、恒星社厚生閣〕
——, [1986] 2009, *Soziologische Aufklärung* 4, 4 ed, Vs Verlag.
——, 1987, 'Tautologie und Paradoxie in den Selbstbeschreibungen der modernen Gesellschaft' in *Zeitschrift für Soziologie*, 16, H. 3, s.161-174.
——, 1988, *Die Wirtschaft der Gesellschaft*, Suhrkamp.〔春日淳一訳、1991『社会の経済』文眞堂〕
——, 1991, 'Die Form "Person" ' in *Soziale Welt*, 42, s.166-75.〔村上淳一訳、2007「『人格』という形式」『ポストヒューマンの人間論 後期ルーマン論集』東京大学出版会〕
——, 1997, *Die Gesellschaft der Gesellschaft*, Suhrkamp.〔馬場靖雄他訳、2009『社会の社会』法政大学出版局〕
——, 2000, *Die Gesellschaft der Politik*, Suhrkamp.〔小松丈晃訳、2013『社会の政治』法政大学出版局〕
——, 2008, *Ideenevolution*. Hg. Andre Kieserling, Suhrkamp.

第6章

ヴェルナー・ゾンバルト、1922（金森誠也訳、2000）『恋愛と贅沢と資本主義』講談社学術文庫
マックス・ヴェーバー、1920（中山元訳、2014）『プロテスタンティズムの倫理と資本主義の精神』日経ＢＰクラシックス
川北稔、1983『工業化の歴史的前提　帝国とジェントルマン』岩波書店
——、1993『洒落者たちのイギリス史　騎士の国から紳士の国へ』平凡社ライブラリー
——、1996『砂糖の世界史』岩波ジュニア新書
川北稔・玉木俊明、2010『私と西洋史研究　歴史家の役割』創元社
大塚久雄、1966『社会科学の方法—ヴェーバーとマルクス—』岩波新書
ソースティン・ヴェブレン、1889（村井章子訳、2016）『有閑階級の理論』ちくま学芸文庫

第7章

イマニュエル・ウォーラーステイン、1991a（丸山勝訳、1991）『ポスト・アメリカ』藤原書店
——、1991b（本多健吉他訳、1993）『脱＝社会科学　19世紀パラダイムの限界』藤原書店
——、2004（山下範久監訳、2006）『入門・世界システム分析』藤原書店
——、2011（川北稔訳、2013）『近代世界システム』Ⅰ～Ⅳ、名古屋大学出版会
川北稔、2016『世界システム論講義　ヨーロッパと近代世界』ちくま学芸文庫
玉木俊明、2009『近代ヨーロッパの誕生　オランダからイギリスへ』講談社選書メチエ
マックス・ウェーバー、1956（世良晃志郎訳、1970）『支配の諸類型』創文社

第8章

ノルベルト・エリアス、1969（赤井彗爾他訳、1977）『文明化の過程』上・下、法政大学出版局
——、1970（徳安彰訳、1994）『社会学とは何か』法政大学出版局
——、1975（波田節夫他訳、1981）『宮廷社会』法政大学出版局

第9章

ピエール・ブルデュー、1994（加藤晴久他訳、2007）『実践理性　行動の理論について』藤原書店
ブルデュー＆ヴァカン他、2005（水島和則訳、2009）『国家の神秘』藤原書店
ノルベルト・エリアス、1975（波田節夫他訳、1981）『宮廷社会』法政大学出版局
マックス・ウェーバー、1956（世良晃志郎訳、1960-62）『支配の社会学』Ⅰ・Ⅱ、創文社
——、2012（濱嶋朗訳）『権力と支配』講談社学術文庫
佐藤成基、2014『国家の社会学』青弓社

第10章

ピエール・ブルデュー、1989（立花英裕訳、2012）『国家貴族』Ⅰ・Ⅱ、藤原書店
――、1982（稲賀繁美訳、1993）『話すということ』藤原書店
――、1990（加藤晴久編）『ピエール・ブルデュー　超領域の人間学』藤原書店
ノルベルト・エリアス、1969（赤井彗爾他訳、1977）『文明化の過程』下、法政大学出版局
水島和則、1995「文化的再生産と社会変動」宮島喬編『文化の社会学』有信堂、186-213

あとがき

多田　治

いまの職場に来てから、早や10年以上になる。本書の企画が最初に持ち上がったのは、たしか２０１４年末のことだった。博士後期課程の院ゼミ生たちに、学部講義「社会学理論」で授業を１回ずつやってもらっていて、かなりの手ごたえを感じたので、テキスト『社会学理論のエッセンス』の続編として出したいね、という話になったのである。

16年2月からは、『多田ゼミ同人誌・研究紀要』を創刊した。以来およそ２か月に１回という驚異的なペースで発行でき、現時点まで1年半の間に早くも10号まで到達した。この媒体は基本的に院・学部のゼミ生限定で、一般の方には非公開となっている。この同人誌で「社会学理論のプラクティス」を連載企画とし、本書刊行を目指して、各自の授業内容にもとづく原稿を提出してもらってきた。私も書き下ろし原稿を蓄積し、今回ようやく本書完成の運びとなった。その意味では、同人誌に貢献・協力し、毎回コメントもくれたゼミ生の皆さんに支えられての刊行でもあり、卒業生を含めたメンバー、そして講義「社会学理論」を熱心に聞いてくれた過去の受講生の皆さんにも、心より感謝したい。

ゼミの院生４名との共著というのは、単著の時とはまたちがう感慨があり、２００４年に学生と作った『沖縄に立ちすくむ』（せりか書房）の時のことを思い出した。ひとの原稿の編集や指導と、自分の執筆とを交互に行うのは、モードの切り替えが難しくてなかなか大変なのだが、それもまた楽しく、最終的には自分をエンパワーしてくれる作業だ。時の流れは容赦なく押し寄せるが、自分が40代のうちに30代の教え子たちとこういう作品を残せるのも、今だけのタイミングであり、嬉しく思っている。出版企画に快諾し、実現に向けてご尽力くださった「くんぷる」の浪川七五朗氏には、前著『いま、「水俣」を伝える意味』に続いて大変お世話になった。この場を借りて、深く感謝の気持ちを捧げたい。なお本書は、科研費（２６３６００６１）の助成を受けた成果を含んでいる。記して感謝したい。

ゼミ・講義・同人誌と、直接教える学生へのサービス・情報提供には、非力ながら私なりにできる限りのことをさせてもらっている。だが同時に、この一連の学問コンテンツが、私が直接会う人たちや、私の本務校に入学し籍を置く人だけが占有すべき性質のものでないことも、私なりに承知している。以前にも書いたが、学問というのは、いつどこにいるかわからないが、確実にいるであろう「可能態としてのオーディエンス」に向けて、語りかける面があると考えている（『沖縄イメージを旅する』p.280）。本書がその潜在的ニーズに応え、私たち5人の仕事が少しでも、多くの人に生きる活力を与える契機となることを、ささやかに願うばかりである。

とはいえ、1冊の本で語れる内容というのは、結構限られているものだ。今回、あれも盛り込みたい、これも入れたかった、という内容もまだ色々あったが、結局は断念したし、分量面からそれで良かったとも判断している。他の執筆者も似た思いでいることだろう。欲張りすぎも、完璧主義でもいけないし、そのつど形にできるものを着実にアウトプットして、皆さんのもとに送り届けることも、大事な現実的作業なのである。今回やり残したことはまた次の機会につなげ、地味でも作業を継続していくことが、大切だと考えている。

２０１７年10月　沖縄・浦添の自宅にて

著者紹介

多田　治（ただ・おさむ）
一橋大学大学院社会学研究科教授。1970年大阪府生まれ。琉球大学法文学部助教授を経て現職。早稲田大学大学院文学研究科社会学専攻修了。博士（文学）。著書に『沖縄イメージの誕生』東洋経済新報社、『沖縄イメージを旅する』中公新書ラクレ、『社会学理論のエッセンス』学文社、『いま、「水俣」を伝える意味』くんぷる（共編著）など。

荒井　悠介（あらい・ゆうすけ）
一橋大学大学院社会学研究科博士後期課程。東京都生まれ。明治大学・明星大学・BLEA大学部兼任講師。著書に『ギャルとギャル男の文化人類学』新潮社。

小股　遼（おまた・りょう）
一橋大学大学院社会学研究科博士後期課程。大阪府生まれ。明星大学非常勤講師。修士論文「石垣島におけるお土産業界――『地元民』と『移住者』の関係性」。

須田　佑介（すだ・ゆうすけ）
一橋大学大学院社会学研究科博士後期課程。岩手県生まれ。ルーマンの社会システム理論の研究。

永山　聡子（ながやま・さとこ）
一橋大学大学院社会学研究科博士後期課程。在日コリアン3世。専門はジェンダー・エスニシティの主体形成、社会運動論。都留文科・関東学院・東邦大兼任講師。論文「今、『慰安婦』問題と関わること」『戦争責任研究』88。

社会学理論のプラクティス

多田　治　編
荒井悠介　小股　遼
須田佑介　永山聡子
２０１７年10月25日初版発行
２０２０年８月20日改訂２刷
発行　（有）くんぷる
http://www.kumpul.co.jp
E-Mail　info@kumpul.co.jp
印刷・製本　モリモト印刷（株）

ISBN978-4-87551-172-4
定価はカバーに記載されています。
本書へのお問い合わせはメールにて
info@kumpul.co.jp へお願いします